Rathjen · Paris ➜ Patagonien

Friedhelm Rathjen

Paris ➔ Patagonien

Lesesesselreise durch romanische Literaturen

Frankreich Italien Spanien Portugal Lateinamerika Tierra del Arno

2019

Vorfassungen einzelner Teile dieses Bandes wurden in den Jahren 1984 bis 2005 publiziert in: *Bargfelder Bote, Basler Zeitung, Frankfurter Rundschau, frontal, Griffel, Norddeutscher Rundfunk, Der Rabe, Radio Bremen, Süddeutsche Zeitung, Die Zeit*.

EDITION ReJOYCE
Bd. 77

Bibliografische Information der Deutschen Bibliothek:

Die Deutsche Bibliothek verzeichnet diese Publikation in der Deutschen Nationalbibliografie; detaillierte bibliografische Daten sind im Internet über <http://dnb.ddb.de> abrufbar.

© Alle Rechte liegen beim Autor
EDITION ReJOYCE Scheeßel 2019
in Kooperation mit der Edition RathJen Westerholz (Nds.)
rejoyce@gmx.de
Satz, Titelfoto und Umschlaggestaltung: Friedhelm Rathjen
Herstellung: Books on Demand GmbH, Norderstedt
ISBN 978-3-947261-11-6

Zum Einstieg

Über Nationalliteraturen läßt sich viel schreiben und wird auch viel geschrieben, aber umfassende Darstellungen der Literaturen einzelner Nationen oder gar ganzer Sprachbereiche haben immer den Nachteil, daß sie bei der notwendigen Pauschalierung vom einzelnen Werk als solchem absehen müssen. Dem einzelnen Buch können sie schlichtweg nicht gerecht werden. Dabei sind aber einzelne Bücher, einzelne Werke das Eigentliche der Literatur; literarische Erfahrungen kann ich nur machen, indem ich ein Stück Literatur selbst lese, nicht literaturgeschichtliche Überblicke. Mein Kompendium *Paris* ➔ *Patagonien* wendet sich deshalb gezielt einzelnen Büchern zu; nicht der Über-, sondern der Durchblick ist das Ziel. Direkt in den Blick genommen wird stets das singuläre Buch, sei es nun ein Roman, sei es ein Band von Erzählungen, Reportagen oder essayistischen Betrachtungen. Daß dieser Blick aufs Konkrete kein scheuklappiger sein muß und Querverbindungen, wo sie sich zeigen, durchaus benannt werden, versteht sich von selbst. Man verlange von diesem Band aber bitte nicht, daß er die französische, die italienische, die spanische, die portugiesische, die lateinamerikanische Literatur in ihrer Gesamtheit oder auch nur in einer repräsentativen Auswahl vorstellt. Dazu müßte ich diese Literaturen auch in ihrer Gesamtheit (oder eben in repräsentativer Auswahl) gelesen haben, was mir aber schwerlich möglich ist, da ich in der Regel nur lese, was ich gerne lese, und meine Interessen sind begrenzt, in der Literatur mehr noch als sonst.

Dieses Buch handelt also von Büchern, die gelesen wurden; freilich erst einmal nur von mir und nicht von meinen Lesern. Es sind zum großen Teil Bücher, die noch nicht in der Literaturgeschichte angekommen sind, die meisten sind sozusagen noch warm, aber das muß nicht gegen sie sprechen. Und zu allen Büchern gebe ich Urteile ab, denen man folgen kann, ohne es zu müssen – so hoffe ich jedenfalls; die Urteile sind begründet, und im Idealfall ist mein Buch ein Ratgeber, der sich gegen den Strich lesen läßt, indem meine Leser nämlich aus dem, was ich über die behandelten Bücher schreibe, ganz andere Urteile ziehen als die, zu denen ich selber komme. Es geht also nicht darum, ein Buch einfach als ‚gut' oder als ‚schlecht' hinzustellen, sondern es geht darum, es so vorzustellen, daß jeder Leser und jede Leserin eine Vorstellung davon bekommt, ob sie oder er das jeweilige Buch ‚gut' oder ‚schlecht' finden könnte.

Bücher (schlechte wie gute) entstehen überall; solche, die im germanischen Sprachraum entstanden sind, habe ich bereits in anderen Bänden der

Edition ReJoyce vorgestellt: irische Bücher im ersten Band *Die grüne Tinte* (2004; stark erweitert unter dem Titel *Rejoyce!* 2013), Bücher aus Großbritannien und den nordeuropäischen Ländern in *Tintenkurs Nordwest* (2006; erweitert unter dem Titel *Kurs Island!* 2011), Bücher aus dem deutschsprachigen Raum in *Das war's* (2009). In *Paris* ➔ *Patagonien* wende ich mich nun zur Abwechslung, wenn auch nach gleichem Muster dem romanischen Sprachraum zu. Meine speziellen Freunde, die irischen Autoren, sind in diesem neuen Kompendium dennoch wieder vertreten. James Joyce schrieb einige (wiewohl in seinem Gesamtwerk randständige) Texte in italienischer Sprache. Samuel Beckett wechselte sogar für einen Großteil seines Werks zum Französischen über, weswegen ich die meisten der Beckett-Artikel aus dem Band *Rejoyce!* hier nochmals hätte abdrucken können, worauf ich allerdings verzichte – eine Ausnahme mache ich lediglich für meinen Artikel über Becketts intrikate Prosa *Schlecht gesehen schlecht gesagt*, weil hier dezidiert der Sprachwechsel angesprochen wird und weil dieser Text die erste Rezension ist, die ich je geschrieben habe, und erfreulicherweise auch als meine erste Rezension gedruckt wurde (im Januar 1984 in der *Süddeutschen Zeitung*).

Der Band ist, wie schnell zu sehen, geographisch gegliedert, von Frankreich geht es kurz nach Italien, dann weiter nach Spanien, nach Portugal, schließlich nach Lateinamerika. Innerhalb der geographischen Räume sind die Autoren nach ihre Geburtsjahren sortiert, mehrere Bücher eines Autors erscheinen in der Regel in der chronologischen Folge ihres Entstehens. – Im Anschluß an das Lateinamerika-Kapitel geht es einerseits zurück nach Europa (sogar nach Deutschland), andererseits weit hinaus ans südliche Ende des hier behandelten Sprachraums. Im Spezialkapitel „Tierra del Arno" spüre ich den Spuren nach, die der urdeutsche Großautor Arno Schmidt überraschenderweise in der spanischen, der portugiesischen und insbesondere der südamerikanischen Literatur hinterlassen hat. Während es in den vorherigen Teilen nur um Bücher geht, die in deutscher Übersetzung vorliegen, kommen in diesem Schlußkapitel etliche Autoren zu ihrem Recht, deren Übersetzung ins Deutsche noch aussteht – es sind Entdeckungen zu machen! (Die nächste solche Entdeckung könnte der Erstlingsroman *El cuaderno tachado* (2018) des argentinischen Drehbuchautors und Oscar-Preisträgers Nicolás Giacobone (Jahrgang 1975) sein, ein fiktives ‚durchgestrichenes' Tagebuch über ein hochambitioniertes Filmprojekt, in dem auch der Name Arno Schmidts mehrmals auftaucht (einmal verknüpft mit Roberto Bolaño); leider erschien Giacobones Roman zu spät für eine angemessene Vorstellung in meinem Kompendium.)

Inhaltsraster

Frankreich	7
Italien	47
Spanien	61
Portugal	85
Lateinamerika	121
Tierra del Arno	131
Bibliographie	161

Alphabetisches Inhaltsverzeichnis

Fernando Aramburu – *Viaje con Clara por Alemania* 152
Samuel Beckett – *Schlecht gesehen schlecht gesagt* 14
Roberto Bolaño – *Amuleto* 142 – *2666* 144
Michel Butor – *Fenster auf die Innere Passage* 38
Rafael Cippolini – „Sabios y atómicos. Diario de una hipótesis" 155
Mariano Dupont – *Arno Schmidt* 158
Umberto Eco – *Über Spiegel und andere Phänomene* 58
Almeida Faria – *Lusitânia* 136 – *Fragmente einer Biografie* 136
J. V. Foix – *KRTU und andere Prosadichtungen* 63
Juan Goytisolo – *Jagdverbot* 65 – *Die Häutung der Schlange* 67 – *Engel und Paria* 70 – *Quarantäne* 73 – *Notizen aus Sarajewo* 73 – *Die Marx-Saga* 75 – *Das Manuskript von Sarajevo* 78 – *Gläserne Grenzen* 146
Patrick Grainville – *Die Orgie, der Schnee* 41
Jorge Ibargüengoitia – *Augustblitze* 130

James Joyce – *Irland auf der Anklagebank* 52
José Lezama Lima – *Inferno. Oppiano Licario* 123
Ercole Lissardi – *Aurora lunar* 140 – *Últimas conversaciones con el fauno* 140 – *Evangelio para el fin de los tiempos* 140 – *Acerca de la naturaleza de los faunos* 140
António Lobo Antunes – *Elefantengedächtnis* 89 – *Einblick in die Hölle* 89 – *Der Judaskuß* 92 – *Die Vögel kommen zurück* 92 – *Fado Alexandrino* 95 – *Reigen der Verdammten* 95 – *Die Rückkehr der Karavellen* 99 – *Die Leidenschaften der Seele* 102 – *Die natürliche Ordnung der Dinge* 105 – *Der Tod des Carlos Gardel* 108 – *Das Handbuch der Inquisitoren* 110 – *Portugals strahlende Größe* 113 – *Anweisungen an die Krokodile* 113 – *Geh nicht so schnell in diese dunkle Nacht* 117 – *Was werd ich tun, wenn alles brennt* 117 – *Guten Abend ihr Dinge hier unten* 117
Ricardo Piglia – *Künstliche Atmung* 134
Robert Pinget – *Monsieur Traum* 23 – *Der Feind* 25
Guillermo Piro – *Celeste y Blanca* 150
Patricio Pron – *Der Geist meiner Väter steigt im Regen auf* 153
Marcel Proust – *Der Gleichgültige* 11
Marcelo Rezende – *Arno Schmidt* 147
Julián Ríos – *Hüte für Alice* 82 – *Amores que atan o Belles letres* 137
Augusto Roa Bastos – *Ich, der Allmächtige* 127
Alain Robbe-Grillet – *Der wiederkehrende Spiegel* 28 – *Angélique oder Die Verzauberung* 32 – *Corinthes letzte Tage* 35
Antonio J. Rodríguez – *Fresy Cool* 154
Ramiro Sanchiz – *Algunos de los otros* 153
Claude Simon – *Geschichte* 18
Italo Svevo – *Ein Leben* 49 – *Senilità* 49 – *Zenos Gewissen* 49
Jean-Philippe Toussaint – *Der Photoapparat* 44
Miguel Vitagliano – *Tratado sobre las manos* 157

Frankreich

Realitäten der Vorstellung

Marcel Proust (1871-1922)

Der Gleichgültige
(*L'Indifférent*, 1893)

Ebenso wie etwa sein zeitgenössischer Kollege Joyce steht Marcel Proust in dem etwas voreiligen Ruf, sein Werk zum Sandkasten gemacht zu haben, in dem er sein Leben nachspielt. Dabei benutzt Proust (wie übrigens auch Joyce) die Biographie nur, um die Bindung an die faktische Wirklichkeit zu überwinden. Ist es bei Joyce die logische Ordnung der Welt, die in der künstlerischen Neuordnung zusammenbricht, so wird bei Proust die chronologische Ordnung der Welt aufgehoben („Die wiedergefundene Zeit" müßte eigentlich „Die überwundene Zeit" heißen, wie Samuel Beckett bereits in dem frühen Essay *Proust* zeigt).

Prousts Erzählung *Der Gleichgültige* wurde 1896 unauffällig in einer Zeitschrift publiziert und erst Jahrzehnte nach dem Tod des nun berühmten Autors als dessen Werk entdeckt und separat veröffentlicht. *Der Gleichgültige* ist das etwas unbeholfene, beinahe läppisch anmutende Werk eines gerade 22jährigen. Von der darstellerischen Meisterschaft des nicht nur im Umfang alle Dimensionen sprengenden *Auf der Suche nach der verlorenen Zeit* ist hier noch nichts zu spüren.

Gleichwohl zeigt die Erzählung allen handwerklichen Unzulänglichkeiten zum Trotz, daß Proust schon sehr früh die Subjektivität aller Wirklichkeitsauffassung erkannt hat. Er läßt seine Heldin hier fühlen, „daß es Wirklichkeiten gibt, die man jenen nicht begreifbar machen kann, die sie nicht in sich tragen."

Die Rede ist von der unerfüllten Liebe Madeleine de Gouvres' zu dem gleichgültigen, unnahbaren Lepré. Der Name Madeleine klingt Proust-Lesern sehr vertraut: aus dem Duft eines in Tee getauchten Gebäcks dieses Namens entsteht die ganze üppige Welt von *Auf der Suche nach der verlorenen Zeit*. Auch die große Dame Madeleine aus der frühen Erzählung läßt eine neue, eine eigene Welt entstehen: eine Welt der Täuschungen und Enttäuschungen. Ihre Liebe zu Lepré nämlich beginnt eigentlich erst, als sie sich bewußt wird, daß diese Liebe nicht erwidert werden wird. Sie begreift schließlich, „daß sie aufgehört hatte, einzig vom Leben der Ereignisse und Tatsachen zu leben. Das Gespinst der Täuschungen hatte begonnen, sich für eine nicht absehbare Dauer vor ihren Augen auszubreiten."

Die objektive Welt der faktischen Realität ist dabei nicht nur nicht von Belang, sie kann auch da, wo sie sich als störend erweist, kurzerhand außer Kraft gesetzt oder zu seinem Handlanger des subjektiven Wollens umfunktioniert werden. Wenn Madeleine liebt, so tut sie es, weil sie es *will*, und richtet sich das Objekt dieser Liebe so ein, wie es ihrem Bild von der Liebe entspricht. Lepré ist im Grunde unwichtig; wichtig ist, was Madeleine aus ihm macht: „weil sie ihn liebte, war ihr kein Gesicht, kein Lächeln, kein Betragen so angenehm wie seines, und nicht weil sein Gesicht, sein Lächeln, sein Betragen angenehmer waren als andere, liebte sie ihn."

So entstehen nicht Vorstellungen der Realität, sondern Realitäten der Vorstellung. Das „Gespinst der Täuschungen" hat das Sagen, und die Wirklichkeit kann gleichsam nur zufällig von Bedeutung sein – dann nämlich, wenn sie mit den Täuschungen in Übereinstimmung zu bringen ist: als Madeleine in Leprés Güte und Verstand nachträgliche Rechtfertigungen für ihre Liebe findet, die „ihr zeigten, daß es in ihrer Liebe etwas gab, was mit der Wirklichkeit übereinstimmte, ließ sie die Wurzeln ihrer Liebe tiefer in diese Wirklichkeit senken, sie stärkeres Leben aus ihr ziehen."

Ebenso hat es Proust gehalten: nicht das Leben war ihm wichtig, sondern seine Kunst, doch um das „Gespinst" der Kunst mit Blut zu füllen, hat er es überall da Wurzeln in die Wirklichkeit des Lebens schlagen lassen, wo sich sinnvolle Übereinstimmungen ergaben. Das ändert jedoch nichts daran, daß er die Kunst als Überwindung des Lebens begriff, und das dem *Gleichgültigen* beigegebene Vorwort von Philip Kolb, das wieder einmal den künstlerischen Text auf biographische Vorlagen zurückzuführen sucht, führt den Leser darum gerade auf die falscheste aller Fährten.

Am Ende des Jahres 1902 wird Proust in einem Brief notieren: „Ich lebe so sehr in meinen Büchern." Dieser Satz, Stoßseufzer und Triumphschrei zugleich, steht dann – knapp ein Jahrzehnt nach Entstehung von *Der Gleichgültige* – an einem entscheidenden Punkt der Entwicklung dieses Romanschriftstellers, der einer der größten werden sollte, die das 20. Jahrhundert kennt: nach langen Jahren des Kokettierens mit einem mondänen, wenn auch stets distanzwahrenden Leben in den Sälen der Aristokratie gerinnen die zuvor noch sporadisch und selbstzweiflerisch gepflegten Schreibversuche zum Willen, die Romanschriftstellerei als Berufung aufzufassen. Alles, was Proust von nun an schreibt, drängt auf das gigantische Epos *Auf der Suche nach der verlorenen Zeit* hin, dessen Manuskript der Autor erst wenige Tage vor seinem Tod im November 1922 abschließt – soweit man von Abschluß überhaupt reden kann bei einem Werk, dessen Genese immer neue Überarbeitungsschübe erlebt. Prousts Methode ist die ständige Rekapitulation und Adaptation des bereits Geschriebenen, und dem Sog des einzigen, des Lebenswerks fallen schließlich selbst die frühesten Schriften noch anheim.

Im Tollhaus des Schädels

Samuel Beckett (1906-89)

Schlecht gesehen schlecht gesagt
(*Mal vu mal dit* / *Ill seen ill said*, 1981)

„Es wird mir tatsächlich immer schwieriger, ja sinnloser, ein offizielles Englisch zu schreiben. Und immer mehr wie ein Schleier kommt mir meine Sprache vor, den man zerreißen muß, um an die dahinterliegenden Dinge (oder das dahinterliegende Nichts) zu kommen. Grammatik und Stil. Mir scheinen sie ebenso hinfällig geworden zu sein wie ein Biedermeier-Badeanzug oder die Unerschütterlichkeit eines Gentlemans."

Diese Sätze, Dokument des Mißtrauens gegen die Muttersprache, stammen aus einem 1937 von Samuel Beckett in deutscher Sprache verfaßten Brief. Im selben Jahr begann Beckett, französisch zu schreiben. „Um ohne Stil zu schreiben", wie er später angab, und „um mich noch ärmer zu machen". Zwanzig Jahre später, als Französisch dem in Paris lebenden Iren längst keine Fremdsprache mehr war, ging er wieder zum Englischen über. Späterhin benutzte er beide Sprachen abwechselnd: zwischen den englischen Prosatexten *Company* und *Worstward Ho* entstand *Mal vu mal dit*, *Schlecht gesehen schlecht gesagt*. Wer sich immer noch wundert, daß Beckett auf stilistische Finessen freiwillig verzichtet und es mit einer Sprache von beinahe armseliger Schlichtheit dennoch dazu brachte, mit dem Nobelpreis ausgezeichnet zu werden (laut offizieller Begründung für ein Werk, das „das Elend des Menschen unserer Tage erhöht"), der sollte dieses Buch lesen, in dem es gerade um die Armut des Stils, um das „schlecht Sagen" geht.

„Wie es schlecht sagen?" ist das Motto, das den ganzen Text durchzieht. Wie es überhaupt sagen? Was sich nicht schlecht sagen läßt, läßt sich gar nicht sagen, denn das gut Sagbare ist die „Unerschütterlichkeit eines Gentlemans", und von der sehen wir nichts mehr, wissen wir nichts mehr in Becketts Welt: sie wird nicht gesagt. „Alles, was man zum Sagen wissen muß, weiß man. Es gibt nur das, was gesagt wird." Das erfahren wir aus dem um 1960 entstandenen Text „Auswegloser Ort".

Schlecht gesehen schlecht gesagt zeigt Bruchstücke aus der Existenz einer einzigen Figur: einer Frau am Ende des Lebens. „Dies alles im Präsenz. Als hätte sie das Unglück, noch am Leben zu sein." Sie macht nichts anderes, als ihre Umgebung schlecht zu sehen, und sie bleibt schlecht sichtbar für den Leser, der sie nur durch den Schleier der aufgehobenen Zeit „bei ihrem kümmerlichen Kommen und Gehen" wahrnehmen kann. Schwach konturierte Bilder aus ihrer Hütte, der „inexistenten Mitte einer formlosen Gegend", in der sie für Ewigkeiten regungslos verharrt, wechseln ab mit Momentaufnahmen von ihren langsamen Wanderungen durch die Einöde, zu mondlichtbeschienenen weißen Kalksteinen, „Millionen winziger Grabsteine, von denen jeder einzigartig ist". Mit alldem verschränken sich ihre Einbildungen – „Dinge und Schimären, wie seit jeher."

Zu den Schimären sind die biblischen Motive zu rechnen, die bei Beckett immer wieder auftauchen. In *Schlecht gesehen schlecht gesagt* sind es vor allem die Anspielungen auf Ostern, auf das Passahfest mit seinem Blutopfer. Inmitten der dunklen Szenerie bedarf es der Lämmer. „Lämmer wegen der Weiße. Und aus anderen, noch dunklen Gründen. Einem anderen Grund. Und damit plötzlich keines mehr da sein könnte. Zur Lammzeit."

Das Motiv des Osterlamms erscheint häufig in Becketts Texten. Schon das in den dreißiger Jahren geschriebene Gedicht „Ooftish", eine rüde formulierte Zusammenschau des „ganzen Elends", der Krankheiten und Gebrechen des Menschen, endet mit der Zeile „all das verkocht zu Lämmerblut". „Ooftish" ist die bittere Anklage Becketts gegen den zynischen, tyrannischen Gott von Golgatha – das aramäische Wort „Golgotha" bedeutet „Schädel", und der Schädel ist ein Schlüsselbegriff Becketts.

Gott ist eine der großen Paradoxien in Becketts Werk: er existiert nicht, aber gerade deswegen ist er schuldig am Elend der menschlichen Existenz, das wegen der Abwesenheit des sich seiner Verantwortung entziehenden Gottes sinnlos ist. Der letzte faule Scherz, den er sich mit seiner Inexistenz erlaubt, ist der von ihm inszenierte blanke Hohn einer menschlichen Hoffnung auf die Besserung der ausweglosen Lage – „Seit jeher geht das Gerücht, oder noch besser, gilt der Gedanke, daß es einen Ausweg gibt", heißt es in *Der Verwaiser*.

Die Grausamkeit des abwesenden Gottes offenbart sich Beckett vor allem in der Osterzeit (in einem frühen Gedicht bezeichnet er sie als „meine einzige Jahreszeit"), also in den Tagen des Passah, in Gestalt des gekreuzigten, verlassenen Christus und des geschlachteten Osterlamms. Der Stellenwert dieses Motivs in Becketts Werk manifestiert sich eindringlich in dem Datum von Samuel Becketts Geburt: am Karfreitag, dem 13. April 1906 („as night fell", wie er mir einmal schrieb), sei er zur Welt gekommen, hat Beckett immer wieder betont. Es ist dabei natürlich unerheblich, daß seine Geburtsurkunde fälschlicherweise den 13. Mai nennt – was zählt, ist der Satz aus *Gesellschaft*: „Du sahst das Licht der Welt und schriest am Abend des Tages, an dem Christus in der Dunkelheit um die neunte Stunde schrie und starb."

Dies ist der Hintergrund, auf den auch in *Schlecht gesehen schlecht gesagt* ständig angespielt wird. So etwa bei der Beschreibung eines Nagels an der Hütte der Alten: „Unverändert. Geeignet, wieder zu dienen. Seinen ruhmreichen Ahnen gleich. An der Schädelstätte. Eines Aprilnachmittags. Nach der Abnahme."

Die langsam sterbende alte Frau bricht von Zeit zu Zeit aus ihrer Hütte auf zu langen Wanderungen. „Lange Zeiträume. Zur Krokuszeit wäre es in Richtung des fernen Grabes. Auch das noch auf der Phantasie zu haben! Am unteren Balken oder um ihren Arm das Kreuz haltend oder den Kranz tragend. Aber ihre Abwesenheiten sind unabhängig von den Jahreszeiten." Die Metapher ist nicht mehr tragfähig. „So widerspricht es sich selbst." Die assoziative Mythologisierung der sehenden und der sagenden Stimme entpuppt sich als Phantasterei. „Nicht länger möglich, außer als Schimäre. Nicht länger erträglich." Der Glaube an die sinngebende Ordnung bleibt letzten Endes ebenso illusionär wie die Hoffnung, dem Gesagten und dem Gesehenen liege etwas Seiendes zugrunde. „Außer dem, was gesagt wird, gibt es nichts", hatte Beckett schon in einem früheren Text dekretiert.

Existent ist damit freilich nur die Illusion, denn das Gesagte ist schlecht gesehen, im Dunkel gesehen, sichtbar nur „für ein Auge, das keines Lichts bedarf, um zu sehen." Auch der Grabstein, den die Alte aufsucht, wird gesehen und gesagt „bei geschlossenen Augen". Ist das schlecht Gesehene das Dunkel, so bleibt schlecht gesagt nur das Schweigen, „Schweigen im Auge des Geschreis."

Das von langem, weißem Haar umgebene bläulichweiße Gesicht der Frau erscheint dem Sehen und Sagen eisig: „Als hätte es sich nie von einem alten Schrecken erholt. Oder als stünde es immer noch unter dessen Wirkung. Oder der eines anderen." Wie an dieser Stelle, so scheint *Schlecht gesehen schlecht gesagt* überall um ein mysteriöses Geschehnis zu kreisen, das nie benannt wird. Es fällt nicht schwer, hier wieder an biblische Mythen zu denken; eine Erhellung besonderer Art erfahren diese dunklen Hinweise auf einen unsichtbaren, unsagbaren Fokus des Textes aber noch aus der Kenntnis eines aus Vorentwürfen zu *Schlecht gesehen schlecht gesagt* hervorgegangenen Prosafragments, „Un soir" („Eines Abends"), das Beckett 1980 in der Hauszeitschrift seines Pariser Verlages, *Minuit*, und (in englischer Übersetzung) im *Journal of Beckett Studies* publizieren ließ. Hier geht es um die gleiche Frau: „Sie trägt Schwarz, das sie anlegte, als sie in jungen Jahren zur Witwe wurde." Sie wandert umher, um für das Grab frische Blumen zu suchen. „Es war Lammzeit. Doch es waren keine da. Sie konnte keine sehen." Ebensowenig findet sie die gesuchten Blumen, und sie „könnte zu sich sagen, es sei sehr merkwürdig für einen einzelnen März- oder Aprilabend". Statt dessen stößt sie auf einen am Boden liegenden Körper, den niemand vermißt hat und den niemand sucht. „Stille von nun an. Solange sie sich nicht bewegen kann. Die Sonne verschwindet schließlich und mit ihr aller Schatten. [...] Nacht ohne Mond oder Sterne. All das scheint zusammenzuhängen. Doch nichts mehr davon."

Den reglosen Körper am Boden gibt es nicht mehr in *Schlecht gesehen schlecht gesagt*, aber etwas geschieht auch hier „eines Abends": „Eines Abends folgte ihr ein Lamm. Ein Schlachttier wie die anderen. Es trennt sich von ihnen, um ihr zu folgen. Im Präsens, um zu enden. Alles so lange her. Vom Schlachten abgesehen, ist es anders als die anderen." Es ist das letzte Schaf, danach wird es Winter. „Immer Winter. Außer nachts. Winternachts. Keine Lämmer mehr. Keine Blumen mehr. Mit leeren Händen wird sie zum Grabstein gehen."

Was bleibt, was weiter gesehen und gesagt wird, ist allein die Alte. „So sterbend. So tot. Im Tollhaus des Schädels und nirgends anders." Dann kommt das Ende, das bei Beckett stets ein undefinierbares, ein ungenanntes und unnennbares Ende ist. „Noch eine Sekunde. Nur noch eine. Lang genug, diese Leere zu atmen."

Der Rest ist Illusion: die Illusion, „weitermachen zu können. Weiter mit dem – wie es sagen? Wie es schlecht sagen?" Samuel Beckett hat es schlecht gesagt, „ohne Stil". Überflüssig zu sagen, daß er damit erneut ein Werk geschaffen hat, das gewiß nicht so schnell „hinfällig" werden wird wie „die Unerschütterlichkeit eines Gentlemans".

Schicht um Schicht Geschichte

Claude Simon (1913-2005)

Geschichte
(*Histoire*, 1969)

Am Anfang ist der Blick. Er geht zuerst nach außen, nimmt die Zweige der Bäume vor dem Fenster ins Visier, kehrt dann zurück nach innen ins Zimmer und ins Innerste des Inneren, in eine Schublade, die er auskehrt: alte Postkarten sind darin, Bilder, Briefe. Und in der Schublade herrscht eine Unordnung, die Um-Ordnung ist. Die Dokumente haben sich vermischt, „ungeordnet sich stapelnd, wobei die Jahre durcheinandergerieten sich vertauschten". Und wohlgemerkt: das Anliegen von Simons Roman *Geschichte* ist es gerade nicht, die verlorene Ordnung wiederherzustellen, sondern eher, die gewonnene Unordnung in Worte zu überführen. Geschichte ist nicht stringent, ist kein chronologischer Ablauf, sondern ein unsortiertes Aufblitzen von Bildern aus höchst unterschiedlichen Zeiten.

Einem früheren Roman hat Claude Simon ein Motto von Pasternak vorangestellt: „Niemand macht die Geschichte, man sieht sie nicht, ebensowenig wie man das Gras wachsen sieht." Der betreffende Roman heißt paradoxerweise *Das Gras* und ist (wie jeder Roman Simons) zum Bersten voll mit Beschreibungen von Bildern. Sieht man das Gras nun wachsen oder nicht? *Geschichte*, im Original 1967 erschienen, könnte man womöglich als zweiten Kronzeugen gegen Pasternaks Idee von der nichtsichtbaren Geschichte anführen, ginge es Simon denn um Ideen. Das tut es freilich nicht. In den langen Jahrzehnten seines Erdendaseins, meinte er 1985 in seiner Nobelpreisrede, habe er „nicht entdecken können, daß in alledem irgendein Sinn steckt", und folglich verzichtet er in seinen Romanen ganz auf das sogenannt Sinnhafte und beschränkt sich darauf, der Beschreibung statischer Bilder die Dynamik einer nichtrealistischen Prosa abzugewinnen. Statik heißt: man sieht das Gras in der Tat nicht wachsen, sondern nur als Standbild, ebenso wie die Geschichte. Dynamik heißt: in Simons Prosa wächst dennoch etwas.

Wer unbedingt will, kann in *Geschichte* sogar eine rudimentäre Fabel ausmachen. Der Ich-Erzähler, der die Schublade auskehrt, tut dies im Haus seiner Kindheit. Später geht er in eine Bank, in ein Restaurant, einen Antiquitätenladen, eine Bar; er führt Gespräche, trifft einen Freund aus

Jugendtagen und seinen Vetter; am Abend ist er wieder in dem Haus mit der Schublade. Dieser äußere Ablauf, als solcher sogar chronologisch intakt, wird aber zerrieben und zugeschüttet von dem, was mimetisch notfalls als ein Eindringen von Erinnerungssplittern ins Hier und Jetzt zu deuten ist, hervorgerufen durch die Konfrontation mit den Relikten des Einst. Die ausufernden, sich verzahnenden oder auch hart aneinanderstoßenden Beschreibungswonnen wären dann nichts anderes als ein tollgewordener Proust. In der Tat treten den optischen Reminiszenzen Geruchssensationen zur Seite, „jene beißenden Dünste von bröckelndem Gips Trübsal und mumifiziertem Fleisch", die Schauer des Erinnerns erzeugen und am Ende sogar zu dem Wunsch führen, „die Frische des Vergessens" und nicht etwa eine verlorene Zeit wiederzufinden.

Proustsches Erinnerungswirken allein kann aber die lethargische Exzessivität von Simons *Geschichte* nicht erklären. Die Postkarten, die unser Held findet, „zu Päckchen verschnürt mittels schmaler Seidenbänder in lieblichen welken Farbtönen", sind auf das erste Jahrzehnt des 20. Jahrhunderts datiert, auf eine Zeit, die der Erzähler selbst gar nicht kennt. Wo keine Erinnerung sein kann, müssen Projektionen her, getaucht in entsprechend verblichene Farben: „pißgelb" und „graubeige", „von welkem erdigem anachronistischem Rosa" und in jeder Hinsicht bläßlich. Die Prosa zerhackt dann diese durchaus suggestiven Projektionsbilder und fügt sie in ein „pointilliertes Gitter", das aus der Distanz besehen so etwas wie einen Ablauf, eine Kontinuität simulieren mag, sich dem genaueren Blick (der bei Claude Simon immer vonnöten ist) aber als Schnitt- und Klebekomposition offenbart.

Bewegung liefern sie naturgemäß nicht, die Postkartenbilder, sondern nur ein „Universum lebloser Schatten". Der Ich-Erzähler erfährt „nichts als die vage Empfindung von Dingen oder vielmehr Schatten ohne Konsistenz, ohne wirkliche Existenz". Das hier ist eine künstliche Welt und soll es sein; Simon ist ein Verfechter des Gemachten. Ein Erfinder ist er nicht, eher schon ein Arrangeur. Weil ihm nichts einfällt, greift er immer wieder auf dasselbe Requisitorium zurück, auf Versatzstücke seiner Biographie, was zu kurzschlüssigen Orientierungsversuchen des Lesers führen könnte – erfreulicherweise ist Simons Prosa aber so angelegt, daß diese Versuche keinen Erfolg versprechen. Gewiß, die Schublade im alten Haus kam schon in *Das Gras* vor – aber hilft uns das weiter? Wohl wird auch in *Geschichte* Bezug genommen auf das Sterben eines Berittenen auf den „Ebenen des monotonen Flanderns", ein Motiv aus des Autors Biographie, das in etlichen Romanen wiederkehrt und zu dem Fehlschluß Anlaß gegeben hat, Simon arbeite sich in der Kunst engagiert am Horror des Krieges ab. Das eigentlich

Aufregende an *Geschichte* ist freilich, daß hier solchen Deutungen wirksamer als etwa in *Die Straße in Flandern* der Boden entzogen wird. Es geht nicht um Inhalte, es geht nicht um Dinge, sondern um jenen Blick auf die Dinge, dem die Dinge zusehends irrelevant werden.

Den Postkarten treten alte Schulbücher hinzu, in denen wiederum Abbildungen zu finden sind: „jene Luftaufnahme eines Schlachtfelds [...], die eine der letzten Seiten des Geschichtsbuchs illustrierte, als hörte sie (die Geschichte) hier auf". Natürlich hört die Geschichte nicht auf, fängt vielmehr mit all jenen Bildern stets neu an, „die immer wieder zu betrachten mich eine vage beschämende, vage schuldbewußte Faszination veranlaßte". Die Vagheit der Faszination: sie hat ihren Anteil an der Bildkunst Simons.

Ein anderes Bild aus dem Geschichtsbuch ist jenes Lenin-Foto, das inzwischen als Fälschung berühmt ist: jenes Bild, aus dem Trotzki herausretuschiert wurde. Bilder sind keineswegs erstarrte Realität, sind nicht objektiv, sondern der subjektiven Manipulation unterworfen. Fotos sind bisweilen „unscharf und verwackelt als wären wir in der Sonne mit blinzelnden Augen in erschreckender schwindelerregender Geschwindigkeit vor dem Apparat vorbeigerannt"; erschreckend schwindelerregend ist ebenso die zerdehnende Langsamkeit, mit der Simons Erzähler seine Bilder be- und zerschreibt, bis sie ihrer Inhalte verlustig gehen. Verwiesen wird nicht mehr auf eine Welt irgendwo draußen, sondern nur noch auf den Blick selbst und das, was er anrichtet. „Dachte: nur nicht sich auflösen, nicht auseinanderfallen" – und dabei ist das Auseinanderfallen unvermeidlich, gerade im Versuch des Festhaltens von Bildern, wenn alles „zerfällt sich auflöst in rasender Geschwindigkeit zerfließt erlischt aufgesogen geschluckt wie vom Gewebe der leeren gräulichen Leinwand".

In der äußersten Konzentration auf die minutiöse Beschreibung von Realitätsrelikten, soviel macht Simons *Geschichte* klar, geht jeder Realismus unweigerlich verloren. Zwischen Realität und Beschreibung besteht „derselbe Unterschied wie wenn man das Wort Granate geschrieben sieht und sich dann von einer Sekunde zur andern am Boden liegend wiederfindet [...], und doch besitzt du nur Wörter, also kannst du lediglich versuchen zu ..." Es muß (durch die drei Punkte markiert) offenbleiben, was eigentlich noch möglich ist. Rekonstruktion von vergangener Welt ist es jedenfalls nicht – „versuche dich wenigstens zu erinnern nicht wie die Dinge sich abgespielt haben (das wirst du nie erfahren – zumindest diejenigen die du gesehen hast: was die anderen angeht so kannst du später ja immer noch die Geschichtsbücher lesen) sondern wie ..." Wieder müssen wir an drei Punkten hängenbleiben.

Es geschieht nichts in *Geschichte*, und „nichts hatte sich verändert". Erzählung findet nicht statt. Einmal erwähnt das Prosa-Ich eine ramponierte Filmrolle, bei der „Verschleiß Schere und Klebstoff die langweilige Erzählung des Regisseurs ersetzen, um der Handlung ihre überwältigende Diskontinuität zurückzugeben". Damit hätten wir die Poetik von Simons *Geschichte* in der Nußschale: Erzählung ist langweilig; was fasziniert, das ist die „überwältigende Diskontinuität", die durch Eingriffe in die Bilderwelt wiederhergestellt wird. Handlung ist nichts anders als das Auseinanderpflücken von Bildern „von dem Beobachtungsposten aus [...], auf dem sich der Künstler niedergelassen hatte".

Und auch das ist klar: es kommt auf die Perspektiven an, aus denen ein Bild betrachtet, auf die Projektionen, die auf das Bild gerichtet, auf die Fokussierungen, denen es unterworfen wird. Bildbeschreibung ist nicht nur subjektiv, sondern immer auch schon neue Bilderzeugung. Simon experimentiert in *Geschichte* mit der ganzen Bandbreite der Bildmanipulation: Schatten werden übereinandergelegt, Fluchtlinien gezogen, Innenbeleuchtungen eingeschaltet, die das Außenlicht in Dunkel verwandeln. Subjekt der Bildbeschreibung ist „nicht mehr nur das Auge und noch nicht der Geist: jener Teil unseres Gehirns, wo die Art Naht, der hastige und grobgestichelte Heftfaden verläuft, der das Unnennbare mit dem Benannten verbindet". Diese Naht ist die (gerissene) Filmperforation, ist die (verlorene) Spur, die die drei Punkte durch die *Geschichte* ziehen. Simons Prosa näht zusammen, was sie zugleich zerreißt.

Nicht Realität entsteht, sondern ein Artefakt; aus Bildern, aus Sprache. Wer will, kann es Geschichte nennen. Subjektiv ist es allemal; es gibt keine Objekte außerhalb des Blicks. Folgerichtig endet Simons *Geschichte*: mit dem Wort „ich", einem Fragezeichen und drei Punkten ...

Realität im Palimpsest

Robert Pinget (1919-97)

Richtig bekannt, geschweige denn berühmt war er nie bei uns, nicht einmal in der Blütezeit des ‚Nouveau Roman', dem er gemeinhin und ungefragt zugeschlagen wurde: Robert Pinget. Wer Robert Pinget war, das läßt sich so einfach nicht sagen, denn er war ein Zwitter, der sich den Kategorisierungen des Marktes entzog. Pingets Werk wird im allgemeinen der französischen Literatur zugeschlagen, doch schon das ist zumindest ungenau – von Geburt war er nämlich Schweizer: 1919 wurde er in Genf geboren. Ein Jahr nach dem Krieg ging er nach Paris, arbeitete dort zunächst als Maler, bis er 1951 sein Debüt als Schriftsteller gab.

Schon dieses Debüt erschien im Verlag Éditions de Minuit, dem Hausverlag nicht nur der wichtigsten Autoren des ‚Nouveau Roman', sondern auch Samuel Becketts, des Exil-Iren, mit dem Pinget bald eine besondere Freundschaft verband. Ein bekanntes Foto, in den frühen Fünfzigern vor dem Verlagsgebäude aufgenommen, zeigt Robert Pinget zusammen mit den beiden späteren Nobelpreisträgern Samuel Beckett und Claude Simon, und dieses Foto ist vielleicht die beste Antwort auf die Frage, wohin Pingets Werk denn wohl gehöre.

Mit Claude Simon verbindet Robert Pinget vor allem der räumliche Blick des gelernten Malers: wie Simons Bücher sind auch diejenigen Pingets vielfach komponiert aus präzisen, immer sehr ins Detail gehenden Beschreibungen von Tableaus und von optisch fixierten, oftmals erstarrten Weltausschnitten. Gleichwohl wirkt Pingets literarische Bildkraft in der Regel weniger anstrengend als die des berühmteren Kollegen: Pinget war immer auch ein Meister des Understatements, der seine sprachlichen Kleinodien wie beiläufig vor dem Leser ausbreitete.

Von Samuel Beckett erlernt hat Pinget das Spiel mit den Stimmen, die diese optische Weltwahrnehmung in Sprache fassen. Die Stimmen treten in dem Maße in den Vordergrund seiner Texturen, in dem das, was gemeinhin Handlung heißt, reduziert wird. Rasch verabschiedete Pinget sich von den exotischen Schauplätzen seiner allerersten Bücher, um sich reduzierten Konstellationen von Rede und Widerrede zuzuwenden. Buchtitel wie *Ohne Antwort*, *Gegenbeweise*, *Inquisitorium* oder auch *Passacaglia* lassen ahnen, wie sehr hier einer die Sprache zum Erforschungs-, zum Rekonstruktions-, zum Variationswerkzeug ausbaute. In den Verhörprotokollen über *Monsieur Mortin*, von Pinget auch zu Hör- und Schauspielfassungen umgearbeitet, wird die Welt so lange inventarisiert, bis sich alles widerspricht und jede Eindeutigkeit verflüchtigt; der Roman, der in deutscher Übersetzung zunächst *Augenblicke der Wahrheit* hieß und später unter dem bescheideneren und vor allem originalgetreueren Titel *Jemand* neu aufgelegt wurde, überdreht die simple Suche nach einem verlegten Notizzettel so virtuos, daß am Ende die Welt aller Illusion von Wahrheit und Bestimmbarkeit verlustig geht.

Robert Pinget hat nicht nur ein Hörspiel Samuel Becketts ins Französische übersetzt, sondern auch die Ehre erfahren, daß eines seiner eigenen Stücke von Beckett ins Angloirische übertragen wurde. In der Tat ist dem bis an die Grenzen des Ausdrucks vorstoßenden Prosawerk des Iren wohl kein zweiter Schriftsteller so nahe auf den Fersen gewesen wie Robert Pinget mit seinen besten Arbeiten. Vielleicht der Höhepunkt der Pingetschen Verdichtungs- und Umschichtungskunst ist der aus 168 Bruchstücken bestehende Roman *Apokryph*, der mit der Beschreibung eines einfachen Bildes von einem Mann auf einem Steinhaufen beginnt und endet mit der Warnung vor „gewissen Manien beim Schreiben" und dem Beschluß: „Ganz von vorn anfangen."

Robert Pinget hat noch einmal fast von vorn angefangen, nämlich mit seinen ungeheuer leichtfüßigen Büchern aus den 80er Jahren, kleinen Capriccios und Notaten um *Monsieur Traum* und einen gewissen *Theo*. Ein anderes dieser Bücher heißt *Kurzschrift* und versammelt Gedankensplitter aus „Monsieur Traums Notizbuch". Es ist fast so, als schaue Robert Pinget nicht nur einem Schriftsteller auf dem Altenteil, sondern dem Wirken der Sprache selbst über die Schulter: aus unscheinbaren Sätzen voller Lakonie und prosaischer Schönheit entstehen kleine Miniaturen, berichtend meist von einer Handvoll immergleicher Figuren und einem Arsenal an Standardsituationen, die ein ums andere Mal neu sortiert werden.

Der Band *Der Feind*, 1987 (zehn Jahre vor Pingets Tod) erschienen, hebt wieder mit einer Bestandsaufnahme an und findet „das Haus in der gleichen Landschaft" und „Gleiches Licht, gleiche verschwommene Umgebung, gleiche unbestimmte Geräusche." Und: „der Meister ist noch immer da." Das ist er leider nicht mehr: Robert Pinget starb am 25. August 1997 78jährig an einem Gehirnschlag. Adieu, Monsieur Traum!

Monsieur Traum
(*Monsieur Songe*, 1982)

Das schon erwähnte Foto, aufgenommen Anfang der 50er Jahre vor dem Gebäude der Éditions de Minuit, des in Sachen Literatur wahrscheinlich bedeutendsten französischen Nachkriegsverlags (was damals freilich noch niemand ahnte), vereint also drei zur Zeit der Aufnahme kaum bekannte Hausautoren von Minuit: Claude Simon, Samuel Beckett und Robert Pinget. Beckett und Simon sind als Nobelpreisträger heute zumindest dem Namen nach bekannt, doch Pinget ist über den Status eines Geheimtips nie hinausgekommen. Dabei war er im Dunstkreis des von Minuit-Autoren wie Robbe-Grillet, Butor und Sarraute repräsentierten ‚Nouveau Roman', dem er selber sich nicht gerne zugerechnet sah, von Anfang an einer der originellsten Schriftsteller.

Pingets Romane, in deutscher Übersetzung leider großteils seit langem vergriffen und nicht mehr neu aufgelegt, sind Meisterwerke einer besonders unangestrengt wirkenden Art und Weise, die Gattung Roman zu revolutionieren. Seine Sprache ist geprägt von überaus raffiniertem Understatement: es sind scheinbar schlichte Sätze, aus denen Pingets Prosa besteht, Sätze, die zu verstehen selten schwerfällt; und doch offenbaren sie bei genauerem Hinsehen eine stilistische Präzision, die ihresgleichen sucht. Mehr noch: im Zusammenspiel unscheinbarer Aussagesätze ergeben sich plötzlich abgründige Konstellationen, die die literarischen Kardinalforderungen nach Handlung, Aussage, Perspektive und was der Nichtigkeiten mehr sind in einen Taumel geraten lassen, wie ihn der maulschäumendste Eifer schreiendster Avantgardistenfunktionäre nicht zuwege bringt.

Die offensichtliche Leichtfüßigkeit ist Pingets methodische Finte, und in seinem Roman *Monsieur Traum* findet sie sich potenziert. Das Konzept wird deutlich durch den Untertitel: „Eine Zerstreuung". Pinget reklamiert in einer Vorbemerkung für sein Buch, lediglich einige Gelegenheitskritzeleien zu vereinen, die er während zwanzig Schaffensjahren zur Entspannung entwarf. Wahrscheinlich stimmt das sogar. Der Leser aber, der dem vertraut und sich auf eine nette Gutenachtlektüre gefaßt macht, gerät unversehens in eine Falle. Mit spielerischem Gestus wird hier – und das ist dann gar nicht mehr so bescheiden – so etwas wie die Möglichkeit des philosophischen Diskurses ad absurdum geführt, und Erkenntnis, so es eine gibt, sieht so aus: „Man kann durchaus die Karotten mit einer Hand sprengen und mit der andern in den Zähnen stochern."

Der Begriff „Zerstreuung" markiert neben dem Entstehungszusammenhang auch das Thema des Buches, und dies ist der Trick, mit dem Pinget seinen Leser greift. Monsieur Traum, die Hauptfigur, sucht sich von der Anstrengung des Nichtstuns (er befindet sich im Ruhestand und wird durch die Haushälterin aller Aufgaben entledigt) zu zerstreuen, indem er dieses Nichtstun in eine schematische Ordnung preßt. Auch dies, wenn man so will, natürlich ein Trick: je starrer die äußere Ordnung, die der Lebenswelt angelegt wird, desto bodenloser das Chaos, in das diese Welt bei der geringsten Unregelmäßigkeit abstürzt. Proust mußte noch ein gigantisches Panorama feinsinnigster Seelengemälde auftürmen, um das Weltgewölbe zum Zersplittern zu bringen; Pinget genügen zum selben Zweck ein paar dürre Striche, die das Proustsche Pathos ruchloserweise gleich mit erledigen. „Welche Abgründe, denkt er, denn es ist immer er, der spricht. Sollte ich verdrängte Orgienphantasien haben?"

Und ein dritter Trick: Monsieur Traum ist zu allem Überfluß „ein Dichter", und das gibt Pinget die Gelegenheit zu dem, was in Bekenntnisprosa ‚sich einbringen' heißt. Nichts freilich steht Pinget ferner als Bekenntnisprosa. Monsieur Traum meditiert über eine „Intimität, die das Gegenteil ist vom Authentischen, sobald man sich aufs Schreiben einläßt", und genau in diesem Sinne ist Pingets Buch ein intimes, wie es übrigens auch – um nur zwei Beispiele zu nennen – Sternes *Tristram Shandy* und Becketts *Watt* sind.

Der Feind
(*L'Ennemi*, 1989)

Robert Pinget zählt zweifellos zu den eigenwilligsten und interessantesten Autoren der französischen Nachkriegsliteratur. Er ist – gerade hierzulande – nie zu ähnlicher Bekanntheit gelangt wie seine Kollegen Butor, Robbe-Grillet, Simon und Sarraute, doch das entspricht auf ironische Weise dem Selbstverständnis Pingets, der sich weder dem ‚Nouveau Roman' zurechnen lassen will noch sich in Praxis und Theorie der Prosa auf dogmatische Standpunkte versteift hat. Pingets Thema ist der Zweifel an jener Wirklichkeit, die jedem Versuch ihrer Rekonstruktion zwischen den Fingern zerrinnt. Dieser Realitätszweifel wird von ihm nicht in tiefsinnigen Reflexionen seziert, sondern exemplarisch zur Anschauung gebracht in einer Prosa, die sehr viel leichtfüßiger ist, als man das bei solch abstrakten Themen gewohnt ist. Alle Sätze Pingets klingen banal, doch die Prosa, die er daraus fügt, hat es in sich.

Mit Claude Simon teilt Pinget (der auch Maler ist) seine Vorliebe für die bildhaft-optische Seite der kaleidoskopischen Realität – allerdings unter Verzicht auf die lethargische Angestrengtheit Simons. Und dem Prosaschaffen Becketts steht das Werk Pingets vielleicht näher als irgendein anderes: wie Beckett, mit dem er an Übersetzungen zusammengearbeitet hat, generiert Pinget aus einer geringen Zahl von Motiven variierend Texte von hoher formaler Komplexität, die rücksichtslos gegen sich selbst sind, insofern sie nämlich jede ihrer Aussagen immer wieder in Frage stellen. Bei Pinget wie bei Beckett wird das Werk zum Kosmos, zum All in der Nußschale, und das heißt: die Motive und Bausteine einer Arbeit finden sich stets in anderen wieder.

Das gilt auch für Pingets Roman *Der Feind*, der seine Grundkonstellation – Onkel und Neffe, „Meister" und Diener, faktensicherndes Berichte- und datenverwischendes Memoirenschreiben, Information und Irreführung – aus älteren Hörspiel- und Prosaarbeiten übernimmt. Ein Leser, der das nicht weiß, ist allerdings keineswegs benachteiligt – im Gegenteil: je mehr Informationen wir haben, desto größer ist die Verwirrung. Wer sich auskennt im Gesamtwerk Pingets, der könnte an vielen Stellen zweifeln, ob er überhaupt ein neues Buch lese. Stammt dieser Passus nicht aus *Apokryph*, kam jener nicht schon in *Monsieur Mortin* vor?

Auch solches Fragen entspricht den Absichten des Romans, denn Pinget nutzt das Palimpsest als Methode. *Der Feind* oszilliert zwischen einem verwirrenden behördlichen Untersuchungsbericht, einer zu Versicherungszwecken erstellten mangelhaften Beschreibung der Kunstwerke des Meisters, einer Beschreibung verschiedener Gebäude und ihrer Interieurs aus einem Reiseführer, den authentischen Aufzeichnungen des Meisters und einer vom Meister selbst (oder seinem Diener?) nachträglich bearbeiteten Version dieser Aufzeichnungen (oder sollte dies die ursprüngliche Fassung sein?) hin und her. Ein Kind ist verschwunden und später tot aufgefunden worden; ein Einbruch ist geschehen; ein (anderes?) Kind ist verschwunden und irgendwo aufgegriffen worden. Es treiben sich zahlreiche Personen, deren Identität erheblichen Zweifeln ausgesetzt ist, in der Gegend herum. Auf verschiedenen Herrensitzen und in verschiedenen Wohnhäusern treffen Besucher mehr oder minder unpünktlich ein. Mehrere ehemalige Küchen werden verwechselt. Es wird geklatscht und gemutmaßt. „Der Urstoff des Werkes wird das formlose Magma von einander widersprechenden Worten anderer sein."

Das Resultat des palimpsesthaften Schreibens ist eine Potentialitätenprosa: sie ist gesättigt von „Oder"-Sachverhalten, von mißlingenden Überprüfungen und ausstehenden Klärungen. Alles ist Perspektive, ist Darstellung; die vorgeschobene Suche nach der Objektivität des Geschehenen und Geschehenden scheitert hoffnungslos nicht nur an der Unausweichlichkeit, sondern an der störrischen Beharrlichkeit der perspektivischen Verzerrungen und Verdrehungen. Die Subjektivität der Einzelperspektiven wird in der Summe keineswegs aufgehoben; die multiperspektivische Addition bringt keine Gesamtschau, die sich in toto einer objektivierbaren Realität nähert, sondern potenziert nur die heillose Richtungslosigkeit. Die Wörter des Buches sind wohlbestimmt; jeder Satz entwirft einen fest umrissenen Sachverhalt – und doch stößt diese bestimmte und bestimmende Prosa stetig ins Leere, das dadurch nicht etwa ausgefüllt wird, sondern sich nur immer noch mehr entleert.

Zu Pingets Methode gehört es, daß auch scheinbar diskursive Sätze, die vordergründig wie Selbstbekundungen des Autors klingen, zum Spielmaterial werden. „Sich vortasten im Bereich der Möglichkeiten" will da ein ungenannter Jemand, der vom „Entstehen eines reinen, noch nicht vorstellbaren Textes" träumt. Natürlich sprechen solche Sätze *auch* für das, was Pinget zu leisten versucht. Freilich sind sie in ihrer abstrakten Formelhaftigkeit kein Spezifikum dieses Autors; manch anderer würde sie als Intention unterschreiben. Kaum ein zweiter allerdings wäre imstande, sie auf so unschuldige, gleichzeitig banale und präzise Weise seinen Arbeiten einzuverleiben, was ja gleichzeitig auch ein Akt der formalen Distanzierung ist.

Die spezifisch Pingetsche Leistung solcher Verfahren liegt in der verhaltenen Direktheit ihres Stils; Robert Pinget ist ein Stilist von hohen Gnaden und untertreibender Prägnanz. Ihm gelingt es meisterhaft, alle Meisterschaft im Zaum zu halten und eine prosaische Gegenwelt zu ungenauem Pathos und selbstgerechter Gewißheit zu schaffen. Das ist nicht viel – mehr allerdings kann Prosa kaum leisten. *Der Feind* ist lesbar und lesenswert zugleich und damit eine kleine Seltenheit.

Die Realität des Romans

Alain Robbe-Grillet (1922-2008)

Der wiederkehrende Spiegel
(*Le Miroir qui revient*, 1985)

Als Nathalie Sarraute vor einigen Jahren ein autobiographisches Buch vorlegte (*Kindheit*), hatte das für die Anhänger jener von Sarraute vertretenen und seit langem als ‚Nouveau Roman' etikettierten Schreibweise eigentlich etwas Befremdliches an sich: waren nicht Nathalie Sarraute und ihre Mitstreiter im Gefecht für eine neue Literatur – Alain Robbe-Grillet vor allem, Michel Butor, Claude Simon und auch der bis heute unterbewertete Robert Pinget – einst angetreten, den chronologischen, ordnungsstiftenden Brei des epischen Präteritums aus der literarischen Prosa zu verbannen? Mit einer so traditionell dünkenden Angelegenheit wie dem autobiographischen Schreibimpuls schien die vom ‚Nouveau Roman' geforderte Konzentration auf die bloße Oberflächlichkeit partikularisierter Weltobjekte wenig vereinbar, und ein Hauch von Verrat lag in der Luft.

Nun ist Nathalie Sarraute unter den keineswegs unterschiedslos über einen Kamm zu scherenden Exponenten des ‚Nouveau Roman' immerhin diejenige, deren Augenmerk sich vornehmlich der psychischen Seite dieser zersplitterten Welterfahrung zugewandt hat; die literarische Analyse des Bewußtseins aber wird schon bei ihren Vorgängern Proust und Joyce primär unter den Gesichtspunkten von Erinnerung und Rekapitulation behandelt und am autobiographischen Material exemplifiziert. Eine solche Legitimation des autobiographischen Ansatzes gilt dagegen nicht von vornherein für Alain Robbe-Grillet, dessen Selbstbeschreibung *Der wiederkehrende Spiegel* 1986 in die deutschen Buchhandlungen kam, nachdem Norbert Wehrs *Schreibheft* schon ein Jahr zuvor einen Teilabdruck brachte. Robbe-Grillet hat sich in seinen Romanen und Filmen immer auf die Bestandsaufnahme der Dinge beschränkt, hat die Welt in kaleidoskopartige Momentaufnahmen aufgefächert und nicht nur den Zusammenhang zwischen den Dingen entschieden bestritten, sondern auch jede sinnhafte Tiefe. Ob es gelingen kann, diesen Ansatz auch in der autobiographischen Bemühung konsequent durchzuhalten, erscheint zunächst mehr als fraglich.

Um es vorweg zu sagen: Robbe-Grillet ist sich der Gefahr bewußt – in der Wiederkehr des Biographismus liegt für ihn etwas Frivoles –, und *Der wiederkehrende Spiegel* ist zumindest ein Teilerfolg im Kampf gegen diese Gefahr. Der Anfang des Buches greift gerade das Problem des vermeintlichen Rückfalls hinter eine einmal erreichte Ästhetik auf; gleichzeitig kommt aber auch ein anderes Problem, eine andere Gefahr zur Sprache: „Sobald eine abenteuerliche Theorie, aufgestellt in der Leidenschaft des Kampfes, Dogma geworden ist, verliert sie ihren Reiz und ihr Ungestüm und zugleich ihre Wirksamkeit. [...] Dann ist der Augenblick gekommen, andere Wege zu gehen." In dieser Situation der Erstarrung befindet sich in den achtziger Jahren der ‚Nouveau Roman' ganz sicher, dessen ursprünglich offene Programmatik längst zum modischen Jargon einer akademischen Avantgardistenkaste verkommen ist und das Epigonentum auf den Plan gerufen hat. Schon dreißig Jahre zuvor forderte Robbe-Grillet in dem Essay „Vom Realismus zur Realität" einen ‚Nouveau Nouveau Roman' für den Fall, daß „der ‚Nouveau Roman' anfängt, einer Sache ‚zu dienen'", und diese Forderung nach einer Überwindung und Ablösung – aber nicht Zurücknahme – führt schließlich zur Ausweitung von Robbe-Grillets Definition des Romans als „Falle" nicht nur „für humanistische Lektüre, für politisch-marxistische oder freudianische Lektüre usw.", sondern eben auch „für Liebhaber von sinnlosen Strukturen", womit die eigenen Leser von ehedem gemeint sind.

Nun wird man aber die Erfindung eines neuen neuen Romans schwerlich von den Exponenten des alten neuen verlangen können – eine radikal neue Schreibweise braucht, wenn sie aufrichtig sein will, immer auch neue Autoren. *Der wiederkehrende Spiegel* fordert zwar, ist aber noch lange nicht die Überwindung des ‚Nouveau Roman'. Im Gegenteil: im ganzen wirkt das Buch eher wie dessen nachgeschobene Apologie, und als solche wendet es sich vor allem gegen die heute stattfindende ästhetische Restauration, die Robbe-Grillet übrigens im Zusammenhang mit der politischen Reaktion zumal in Frankreich begreift – ein Indiz für die gerade aus dem Lager der politischen Linken gern bestrittene emanzipatorische Rolle einer vor allem formal radikalen Literatur.

Robbe-Grillet nimmt also besonders in den essayistischen Passagen seines Buches den Kampf gegen jenes „Schwindelsystem" eines pseudorealistischen Stils à la Balzac wieder auf, und der Leser, der es Robbe-Grillet anfänglich abnehmen mag, für dieses autobiographische Unternehmen in „den fröhlichen Zustand des verantwortlichen Erzählers" zurückgelangt zu sein, geht ihm schnell in die Falle. Je mehr Robbe-Grillet das ästhetische Plädoyer zurückstellt und sich aufs befürchtete diskursive Herzählen von Erinnerung beschränkt, um so drastischer entzieht sich die plötzlich nur noch scheinbare Diskursivität dieser Prosa jedweder Verläßlichkeit oder gar

Brauchbarkeit. „Einmal mehr frage ich mich, was diese Erinnerungen für einen Sinn haben. Wozu so ausführlich diese mehr oder weniger nichtigen kleinen Anekdoten erzählen?" In der Tat: die kleinen Anekdoten haben keinen Sinn jenseits ihrer – bescheidenen – Anekdotenhaftigkeit; gerade diese Sinnverweigerung aber verleiht den Anekdoten paradoxerweise einen Sinn – oder besser: eine Funktion – im Kontext einer auch in diesem Buch anzutreffenden Werkästhetik, deren zentrale Behauptung eben die Sinnverweigerung des wahrgenommenen Objektes ist.

Immer deutlicher wird im Verlauf der Lektüre, daß auch *Der wiederkehrende Spiegel* zumindest die dringlichsten Gesetze der Romanästhetik Robbe-Grillets einhält. Das gilt vor allem für den Verzicht auf eine lineare Entwicklung, den Robbe-Grillet auf zweierlei Weise praktiziert. Zum einen geschieht dies, indem die Autobiographie nicht in zeitlicher Folge abgehandelt wird, sondern statt dessen in kleinen, fragmentarischen Häppchen serviert: nach der Chronologie des Erinnerns statt jener des Erinnerten. Zum anderen verläuft auch die Niederschrift nicht kontinuierlich, sondern in Etappen, die sich über einen Zeitraum von etwa sieben Jahren erstrecken. Robbe-Grillet setzt sich immer wieder unwillig an das Manuskript heran und fügt dabei auch neue Passagen in bereits ausgeführte Abschnitte ein, ohne diese nachträglichen Eingriffe zu verschleiern. Das Resultat trägt also nicht nur den Charakter des Fragmentes, sondern auch den des Palimpsestes. Mit den Worten, die im Buch selbst zu finden sind: „Eine der Eigentümlichkeiten seiner Erzählung, die es so gut wie unmöglich machten, dem Ablauf zu folgen, war, von ihrer extremen Bruchstückhaftigkeit, ihren Widersprüchen, ihren Lücken und Wiederholungen abgesehen, der Umstand, daß er ständig die Vergangenheitsformen mit plötzlichen Passagen im Präsens mischte, die jedoch dieselbe Periode seines Lebens und dieselben Ereignisse zu betreffen schienen."

Robbe-Grillet scheut sich nicht, einmal Notiertes anzuzweifeln („Der vorausgehende Abschnitt muß gänzlich erfunden sein") oder gar zu widerrufen. Deutlich wird spätestens daran aber auch, daß *Der wiederkehrende Spiegel* gar keine Autobiographie ist, zumindest nicht im anerkannten Sinne, sondern ein Buch über den inadäquaten Versuch, eine Autobiographie zu schreiben: „es geht hier nur darum zu sagen, wie ich die Dinge um mich herum sah; oder noch subjektiver: wie ich mir heute vorstelle, daß ich diese Dinge damals sah."

In gewisser Weise läßt sich auch *Der wiederkehrende Spiegel* als Roman lesen, als Roman vom Schreiben nämlich in dem Sinne, daß sich hier die Rolle des beschreibenden und sich selbst erschreibenden Subjekts expliziert findet, die in Robbe-Grillets früheren Büchern ausgespart blieb. Auf einer der ersten Seiten ist es zu lesen: „hier wage ich mich wieder in eine Fiktion." Neu ist an diesem Buch, daß es den biographischen Hintergrund („Ich habe nie über etwas anderes gesprochen als über mich") nicht verleugnet, also die Rolle der Bilderflut, die die Biographie des Schriftstellers wie jede andere ist, als Material für die Bilder der Werke. Robbe-Grillet weist den Leser immer wieder einmal auf irgendeine nichtige Kleinigkeit seiner Kindheit oder Jugend hin, die sich in einen seiner Romane gerettet hat, und in diesen Hinweisen könnte so etwas wie ein Sinn, eine Bedeutung dieser Kleinigkeiten zu suchen sein. Aber so ist es gerade nicht: die Identität des sinnabweisenden Details irgendeiner Fiktion Robbe-Grillets mit einem unscheinbaren Motiv aus des Autors Jugend verhilft dem Leser weder zu einer besseren, sinnvolleren Interpretation des Werkes noch zu irgendeiner Bewertung der Biographie. Statt dessen findet das Gegenteil statt: in dem Maße, in dem die subjektive, autobiographische Bedingtheit der paradigmatisch oberflächlichen Objekte im Roman zutagetritt, offenbart sich auch die Oberflächlichkeit der subjektiven Autobiographie und damit der sogenannten Realität. Robbe-Grillet weist damit noch einmal – und diesmal nicht erkenntnistheoretisch, sondern in der Praxis des Schreibens – die Übereinstimmung des ‚Nouveau Roman' mit der außerliterarischen Realität nach, indem er den Weg vom Faktum zur Fiktion umkehrt. „Vom Realismus zur Realität" wollte er gehen, zur Realität des Romans, die nicht zuletzt die Realität seiner Entstehung ist. *Der wiederkehrende Spiegel* kann auch als vielleicht letzter Versuch begriffen werden, dieses immer illusorische Ziel doch noch zu erreichen. Robbe-Grillet legt zumindest diesen Schluß nahe, wenn er am Ende des Buches rekapituliert: „All das ist Wirkliches, das heißt fragmentarisch, flüchtig, unnütz, so zufällig gar und so vereinzelt, daß jede Begebenheit in jedem Augenblick wie beliebig erscheint und jede Existenz letzten Endes bar der geringsten einigenden Bedeutung." Eben das ist der ‚Nouveau Roman'.

Ein souveränes oder gar meisterliches Buch hat *Der wiederkehrende Spiegel* gewiß nicht werden können – allzu gequält wirkt diese Prosa über weite Strecken (ein Reflex wohl auf die mühsame Niederschrift), und allzu viel wird vom Autor eigens benannt, was der Leser sich lieber erst erlesen hätte. Aber es scheint, als sei es doch in mancherlei Hinsicht ein notwendiges Buch – eines der Selbstklärung nämlich –, und dem Notwendigen muß mitunter das Anrecht auf jene Deutlichkeit eingeräumt werden, die uns hier stören mag. Trösten wir uns mit einer kategorischen Feststellung Umberto Ecos, die sich – und sicher nicht zufällig – ebenfalls in Robbe-

Grillets Buch findet: „die Sprache des Schriftstellers, sagt er, ist nicht dieselbe, die er in der Alltagskommunikation verwendet". *Der wiederkehrende Spiegel* ist, wenn wir so wollen, der ‚Nouveau Roman' im Alltag.

Angélique oder Die Verzauberung
(*Angélique ou l'Enchantement*, 1988)

Ein Vorauseilender blickt zurück: Alain Robbe-Grillet, der einstmals als entschiedener ‚Nouveau Romancier' „Dem Roman der Zukunft eine Bahn" schlug, legt mit *Angélique oder Die Verzauberung* nun schon den zweiten semiautobiographischen Band vor. Doch Freude auf Seiten derer, die einen Abtrünnigen auf die rechte Bahn episch-realistischen Schreibens zurückkehren sehen möchten, wäre verfrüht: Robbe-Grillet nutzt die Gesten erinnernden Schreibens zu einer gründlichen Destruktion des Memoirengenres, zu einem Versteckspiel, das zwar eine Fülle unzusammenhängender Details bis hin zu den eigenen sexuellen Vorlieben preisgibt, damit aber mehr Verwirrung als Zusammenhang stiftet. Die autobiographischen Bruchstücke sind nur Spielbälle, die zwischen poetologischen Selbstvergewisserungen und Ausbrüchen in die Fiktion hin- und hergeschoben werden. Alle Fäden gehen verloren und werden neu geknüpft in einer zentralen, ätherisch schwebenden Kunstfigur namens Henri de Corinthe, die Robbe-Grillet seiner Familiengeschichte einfügt, um auch in der Rückprojektion eine weitgehende Selbstbespiegelung der eigenen Obsessionen und Imaginationen vornehmen zu können.

Der wiederkehrende Spiegel hieß mit gutem Grund der erste Band, der diesem Impuls entsprang; die Spiegel, die da in der privaten Vergangenheit ausgemacht werden, werfen den Betrachter zurück auf das Hier und Jetzt seines Schreibens: „An diesem Februarmorgen, da ich nach einigen Tagen Unterbrechung die vorhergehenden Zeilen wiederlese, bin ich nicht so spät wie gewöhnlich aufgestanden." Nun zählt ja der Spiegel zu den besteingeführten Metaphern der Imaginationskraft überhaupt; ganzen Autorengenerationen gehörte er zum Grundinventarium, wenn es darum ging, den Übergang in entrücktere Wirklichkeitssphären zu fixieren. Daß diese illusionistische Bildkraft der Spiegelmetapher sich immer noch nicht erschöpft hat, demonstriert jene Vollmondszene in Robbe-Grillets erstem Selbsterkundungsband, die Henri de Corinthe einen im Wellengang der See tanzenden mannshohen Spiegel entdecken läßt. Das rhythmische Klatschen dieser Szene hat sich in den Nachfolgeband *Angélique* hinübergerettet, dabei allerdings die Konnotation an das Tanzen des Spiegels verloren.

Der taucht statt dessen gleich zu Beginn auf: das schreibende Ich blickt hinein und beschreibt sein Gesicht. Das Gesicht des Romanciers aber ist, naturgemäß, sein Roman: die Spiegelfechterei nimmt ihren Fortgang und läuft allen illusionistischen Sehnsüchten nun gerade zuwider. Das Reflexionsinstrument bleibt nämlich, vom ‚Nouveau Roman' eingesetzt, nicht illusionsstiftend, sondern wird im Gegenteil dafür genutzt, den Illusionisten ins Bild zu bringen. „Findest du mich hübsch?", so fragt Angélique im erinnerten Fragment, und der Erinnernde setzt hinzu: „Man könnte meinen, sie suche einen Spiegel." Sie sucht den illusionistischen und findet allenfalls den Robbe-Grilletschen, der das genaue Gegenteil ist und auch in der Filmarbeit dieses Autors manchem Realismusverfechter gegen den Strich gehen muß: „Kameramännern graut es vor Spiegeln."

Die „Urnotwendigkeit jeder Kunst", wie sie dem Künstler selbstverständlich sein sollte und dem Kunsthandwerker Sünde ist, wird unmißverständlich benannt: „ohne Scham auf ihr eigenes Material hinzuweisen sowie auf die daran vorgenommene schöpferische Arbeit." In *Angélique* findet vor allem das erstgenannte statt: das Material wird üppig annotiert, während sich der schöpferische Anteil eher in den engen Grenzen der Selbstbescheidung hält. Material ist in diesem Buch vorsatzgemäß in erster Linie die Biographie, die bruchstückhaft erinnerte ebenso wie die partikular erlebte; hinzu kommen einige wohlgewählte Gemälde (von Corinth etwa und von Ingres), die in die Erinnerungsbruchstücke hineinprojiziert und einer vergleichsweise weitgehenden ästhetischen Durchgestaltung für würdig befunden werden. In den solchermaßen inspirierten Passagen verläßt Robbe-Grillet denn auch mit vorübergehender Wonne den Boden profanen Mitteilens und zerdehnt bizarrste Handlungsskizzen zu scheinmythisierenden Standphotos von pathetischer Hohlheit, die das unglaubliche bildkompositorische Imaginationsvermögen des Avantgardealtmeisters belegen. Der Kontrast zwischen diesen nebulösen Fiktionspassagen und den platten Schreibtischbulletins ist selbstredend wohlkalkuliert und die unkalkulierbare Zufälligkeit der Bruchstellen wohlgewollt: „Wieder einmal verlasse ich das rätselhafte symbolische Gemälde, das über meinem großen Schreibtisch hängt, und senke den Blick, um zu meinen in Arbeit befindlichen Entwürfen, die vor mir ausgebreitet sind, zurückzufinden."

Alain Robbe-Grillets autobiographische Bemühung läßt sich vielleicht am ehesten mit André Gides *Tagebuch der Falschmünzer* oder Thomas Manns *Die Entstehung des Doktor Faustus* vergleichen: die Werkentstehung vor allem gerät in den Blick. Der Unterschied ist nur, daß Robbe-Grillet das Werk – die vorgebliche Autobiographie – als Demonstrationsobjekt gleich mit vorlegt. Das ist insofern konsequent, als hier nichts künstlich auseinanderdividiert wird, was gemeinsam oder doch zumindest gleichzeitig entsteht. Robbe-Grillet legt Bedingtheiten des eigenen Schreibens frei und kann im gleichen Atemzug – vor allem in den essayistischen Passagen – die Bedingungslosigkeiten seines poetologischen Credos so plump und unmißverständlich benennen, wie das mancher Leser sicherlich nicht wünscht, manch anderer aber offenbar immer noch braucht.

Als Ersatz für den überlebten Roman des Realismus redete Robbe-Grillet schon vor Jahrzehnten der Realität des Romans das Wort. Zu ebendieser Realität aber gehört es, daß ein Roman nicht einfach da ist, sondern erst einmal entsteht („Ich habe diese Zeilen also vor vielleicht fünfzehn Jahren geschrieben"); zu ihr gehört es ebenso, daß ein Autor bei der Niederschrift ein – meist höchst banales – Leben führt („Ich wohne erneut in New York, habe ich gesagt (habe ich es gesagt?), seit etwa zehn Seiten dieses Textes. Wir haben November. Draußen schneit es. Das sind die ersten Flocken des Winters."); schließlich gehört dazu, daß der Autor eine private Geschichte hat, die in seine Bücher eingeht, ohne daß diese Fakten die Fiktion allerdings irgend ‚erklären' könnten. Denn das zeigt Robbe-Grillets Selbstbespiegelung deutlicher als alles andere: das Leben des ‚Nouveau Romancier' ist genauso diffus wie der ‚Nouveau Roman', nur im Unterschied dazu noch nicht einmal ästhetisch strukturiert. Auf die Frage, ob denn die autobiographische Spurensuche nichts zu deuten, nichts mit Sinn zu verknüpfen strebe, gibt es nur eine Antwort: „Nein, nein! Gewiß nicht!"

So weit, so gut – und doch steckt der Wurm drin in diesem Buch. Der Haken ist wohl noch nicht einmal, daß der Spielverderber Robbe-Grillet die seltsam schillernde Suggestivität seiner nebelverhangenen Imaginationsbilder im Alltagsgeplapper der Verfahrensapologetik so schmerzlich zerstört, denn das gehört ja gerade zum nötigen Prinzip. Nur wirkt diese Zerstörung so kraft- und vor allem lustlos, daß das Gähnen über dem Schreibtisch des Autors sich über dem des Lesers nur noch fortsetzen kann. Schmerz ohne Lust aber zeugt nichts als Dumpfheit. Schon *Der wiederkehrende Spiegel* glänzte, wenngleich aus guten Gründen, nicht gerade durch Brillanz; dort hatten die Ich-Spiegelungen jedoch immerhin eine bündelnde Stoßrichtung, die Interesse heischte: die zur Gratwanderung zwingende Klärung aller offenen Fragen zum Zusammenhang von Schreiben, Erinnern und Vergegenwärtigen nämlich. *Der wiederkehrende Spiegel* war ein notwendiges Buch, das zu seinem komplizierten Entstehen immerhin sieben Jahre brauchte; *Angélique oder Die Verzauberung* wurde in nicht einmal drei Jahren geschrieben und läßt vom inneren Schreibdrang des

Autors nicht mehr viel spüren. Das Spiegelkabinett des autobiographischen Laboratoriums war wohl doch nur für *ein* Kabinettstück gut, als das man den ersten Band mit Fug wird bezeichnen dürfen; der Folgeband hinterläßt den Nachgeschmack eines zweitens Aufgusses und sucht lediglich in einem längeren und durchaus lesenswerten Exkurs zur literarischen Pornographie und dem, was dafür gehalten wird, einen neuen Komplex zu erschließen. Zu allem Überfluß wird nun sogar noch ein beschließender dritter Band (*Corinthes Tod*) angekündigt; es ist zu befürchten, daß das des Guten endgültig zu viel sein wird.

Corinthes letzte Tage
(*Les Derniers Jours de Corinthe*, 1994)

Als vor etwas mehr als einem Jahrzehnt *Der wiederkehrende Spiegel* erschien, der erste Band von Alain Robbe-Grillets semiautobiographischer Trilogie, da war das eine kleine literarische Sensation: der radikale Mann des ‚Nouveau Roman' und autobiographisches Schreiben schienen eine Paarung, die auf Vereinigung des Unvereinbaren hinauslief. Um so überraschender waren die unverstellten Splitter eines Lebensberichts, die Robbe-Grillet in *Der wiederkehrende Spiegel* ausbreitete; um so begrüßenswerter waren einige ästhetisch-theoretische Richtigstellungen, die Robbe-Grillet in seinen Bericht aufnahm, etwa wenn er das verbreitete Vorurteil von der ‚objektivistischen', der ‚autorlosen' Schreibweise des ‚Nouveau Roman' als Unsinn verwarf und die Bildwelt seiner Romane auf ihre Ursprünge im Privaten zurückführte; um so folgerichtiger war es, daß Robbe-Grillet die Grenzen zwischen autobiographischem und fiktionalem Schreiben dann doch wieder verwischte, indem er in seine Familiengeschichte die erfundene Figur des Henri de Corinthe hineinkonstruierte, eines versehrten Veteranen aus dem 1. Weltkrieg.

Schon in dem zweiten Band der Trilogie, dem offenbar etwas zu hastig geschriebenen *Angélique oder Die Verzauberung*, vermochte diese sprunghafte und bewußt chaotische Mischung aus Erinnerung und Erfindung weit weniger zu faszinieren, und auch der nun erschienene dritte Band *Corinthes letzte Tage* gibt sich ausgesprochen spröde und kunstlos bis zur Grenze des Ungelenken. „Fröhlich schreiben wir nun auf Ruinen" bekundet Robbe-Grillet gleich zu Anfang, doch man liest das eher verdrießlich; das vom Vielreisenden Robbe-Grillet beschworene „erschreckende und freudige Gefühl, sich unterwegs verloren zu haben", stellt sich in der Lektüre auf meist eher freudlose Weise ein; wenn Robbe-Grillet schließlich bekundet,

„Ich entdecke hier nach und nach, daß ich zerstöre, was ich berichte", so könnte das zu hämischem Nicken Anlaß geben. Wir erfahren weniger denn je.

Weniger denn je erfahren wir vor allem über Robbe-Grillets Leben, den vermeintlichen Gegenstand einer Autobiographie. Ein paar wenig bemerkenswerte Episoden werden, wie es scheint, unmotiviert über das Buch verstreut; gelegentlich erwähnt Robbe-Grillet, unter welchen Umständen er schreibt, wie lange er sein Manuskript nicht angerührt oder was er wann abgetippt hat; am meisten erfahren wir noch über die Anfänge des ‚Nouveau Roman', das Intrigenspiel unter Lektoren und Autoren des Verlags Éditions de Minuit und die aus allerlei Eitelkeiten gespeisten Rivalitäten der französischen Intellektuellen. Barthes und Foucault, Nathalie Sarraute und Simone de Beauvoir, Georges Perec und viele andere kommen in mehr oder weniger decouvrierenden Szenen vor, und in diesen Passagen befriedigt das Buch noch am ehesten jenes voyeuristische Interesse, das, wenn wir ehrlich sind, den eigentlichen Reiz biographischen Schreibens ausmacht. Robbe-Grillet führt uns die „Schäbigkeit" und die „habgierige Kälte" von Marguerite Duras, die persönliche „Kleinlichkeit" von Claude Simon und Sartres „merkwürdige Mischung aus intellektuellem Mut und einer bedauerlichen Charakterschwäche" auf durchaus pointierte Weise vor Augen, vergißt allerdings nicht, gleichzeitig darauf hinzuweisen, daß das der literarischen Größe dieser Autoren keinen Abbruch tut – Literatur siegt über die Biographie.

Diese Dominanz der Literatur über das Leben äußert sich in *Corinthes letzte Tage* vor allem auch darin, daß die autobiographischen Teile in dem Buch immer mehr an Boden verlieren und von der darübergelegten Fiktion von Henri de Corinthe gewissermaßen in den Untergrund geschrieben werden. Der literaturbegeisterte Leser könnte sich darüber natürlich freuen – hätte nicht auch diese fiktive Corinthe-Geschichte gegenüber den Vorläuferbänden an Faszination eingebüßt. Zum einen bemüht sich Robbe-Grillet nur noch sehr oberflächlich um eine Verzahnung dieser Fiktion mit der Autobiographie, so daß das ganze Unternehmen auseinanderzufallen droht; zum anderen ergeht er sich, wenn er sich Corinthe zuwendet, zusehends in stilistisch überladenen, nicht sehr suggestiven Beschreibungen, die eine rudimentäre politisch-kriminalistische Handlung entwerfen und im übrigen hauptsächlich – und genüßlich – Corinthes Pädophilie bebildern. (Insofern gehört es dann doch auch zum Thema, wenn Robbe-Grillet erwähnt, in Amerika sei er neuerdings als politisch inkorrekt verschrien. Sein lakonischer Kommentar dazu: „Gott sei Dank!")

Bleiben wir bei diesen Beobachtungen stehen, so müssen wir *Corinthes letzte Tage* als mißlungen bezeichnen – aber ein solches Urteil wäre verfrüht, setzt es doch voraus, daß es Robbe-Grillet wirklich um nichts anderes als einerseits Autobiographie und andererseits einen fiktionalen Ausbruch daraus geht. Tatsächlich will dieses Buch aber noch etwas anderes: es will im geschilderten Sinne mißlingen, um mindestens soviel zu verlieren, wie zwischendurch gelegentlich gewonnen scheint. Das eigentlich Autobio- oder vielmehr einfach Autographische an dem Buch ist, daß es nicht auf das Leben des Autors, sondern auf sich selbst und seine Entstehung zeigt – gewissermaßen auf das Leben des Buches. Robbe-Grillet deutet das an, wenn er in Bezug auf sein Buch Formulierungen gebraucht wie „meine schwankende Autobiographie", „mein abenteuerliches Dokument", „diese Chronik mit der unsäglichen Chronologie", am Ende gar von dem hier ausgebreiteten „Sortiment der ausrangierten Erzählgegenstände" spricht und das Ergebnis als „autofiktive Irrungen" bezeichnet, die immer mehr steckenbleiben. Auf listige Weise ist dieses Buch selbst da, wo es Anzeichen plaudernder Geschwätzigkeit zeigt, purer verweisloser Text, der einen eher dürftigen Bestand an (oft der modernen Kunst entlehnten) Bildern so lange von einem Kontext in einen anderen umschichtet, bis diese Bilder des „alten Plunders", der „einstigen Vorherrschaft des Sinns", verlustig gegangen sind. *Corinthes letzte Tage* ist wie die beiden Vorgänger ein unter der wenig sensationellen Oberfläche doch ausgesprochen radikaler Text über sich selbst – bis hin zu dem Punkt, wo Robbe-Grillet in dieser Semiautobiographie notiert, er lese als Gastprofessor in St. Louis gerade studentische Hausarbeiten über eben diese Semiautobiographie.

Was nach konventioneller Lesart ein Scheitern als Autobiographie wie als Fiktion sein muß, ist am Ende das, was für Robbe-Grillet der ‚Nouveau Roman' überhaupt ist: „eine Schule der Freiheit." Wie jede Schule muß man auch diese nicht mögen, doch lernen kann man in ihr allerlei, und nicht nur über Robbe-Grillets „Berufung zum perversen Romancier". Freilich: die Lektüre dieses Bandes setzt die der beiden vorherigen voraus – was kein Hinderungsgrund sein sollte.

Alchemist der Sprache

Michel Butor (1926-2016)

Fenster auf die Innere Passage
(*Fenêtres sur le passage intérieur*, 1982)

„Innere Passage" heißt eine Wasserstraße vor der Küste Britisch Kolumbiens im äußersten Westen Kanadas, und wer diese Bezeichnung ein paarmal vor sich hin spricht, vermag vielleicht ein wenig von der Faszination herauszuhören, die der französische Schriftsteller Michel Butor ihr abgewonnen hat. Butor, der in den 50er Jahren als einer der bedeutendsten Vertreter des ‚Nouveau Roman' zu literarischem Rang und Namen kam, hat sich seit langem vor allem der Essayistik und der kurzen Prosaform zugewandt, und wenn er eine Sammlung neuerer Texte unter dem Titel *Fenster auf die Innere Passage* vorlegt, so ist damit natürlich mehr als ein geographischer Ort gemeint. Wir haben es hier mit einer Chiffre zu tun, einer programmatischen Chiffre für zwei wesentliche Pole in Butors Schaffen: Introspektion und Reisen.

So unvermittelt ausgesprochen wirkt die Paarung dieser beiden Begriffe vielleicht nicht analytisch genug, nicht stimmig, aber im Grunde sind es genau solche Unstimmigkeiten, an denen Butors Arbeiten sich entzünden. Nehmen wir den Roman *Paris-Rom oder Die Modifikation* aus dem Jahre 1957: ein Mann verwirft während einer langen Bahnfahrt den Entschluß, sich zugunsten der Geliebten von seiner Frau zu trennen. Die geographische Reise ist stets präsent, doch der Blick aus dem Fenster des Zugabteils dient dem Protagonisten vor allem als Anlaß jener selbstverhörartigen Reflexionen, an deren Ende die innere Umkehr steht. Jede Reise – auch die geographisch lokalisierbare – ist letzten Endes eine Reise im Kopf, insofern sie im Bewußtsein dessen, der sie durchlebt, nicht ohne Spuren bleiben kann. Die Passagen, die Butors neues Buch beschreibt und erschreibt, sind innere auch und vor allem in diesem Sinne.

Michel Butor, dem Reisenden aus Passion, geht es nicht darum, einen Reisebericht im herkömmlichen Sinne zu verfassen. Ausgemessen werden vielmehr die Dimensionen des Phänomens Reise schlechthin, die inneren Dimensionen wohlgemerkt, in denen die äußeren freilich eingeschlossen sind. Es findet ein Amalgamierungsprozeß statt, in dessen Verlauf Städte und Landschaften unauflöslich verschmelzen mit ihren eigenen verborgenen

Geschichten und Legenden, mit den Träumen des Reisenden und auch mit den Geschichten anderer Landschaften. In dieser Verschmelzung entstehen assoziativ Zusammenhänge, die nicht kausal begründet sind und sich mit kausalen Begründungen auch nicht fassen lassen, die aber dennoch beim bedachtsamen Lesen nachgerade zwingend wirken. Wir haben eine Einheit des Geschriebenen vor uns, die sich ästhetisch legitimiert und keiner anderen Logik bedarf als der künstlerischen.

Butor hat einmal gesagt, er schreibe Romane, um eine Einheit in seinem Leben herzustellen, und genau dieses Verlangen ist es, das auf überzeugende Weise auch die Struktur der im vorliegenden Band versammelten Texte bestimmt. Im Zeitalter der Information, in dem alles auf Analyse, auf Spezialisierung und Digitalisierung drängt, bleibt Michel Butor der Alchemist der Sprache, als den er sich selber sieht: er sucht die auseinanderfallenden Weltphänomene im Sprachkunstwerk zu integrieren. Dabei unterliegt er keineswegs dem Trugschluß, eine gegebene, geheime Ordnung der Welt aufdecken zu wollen. Die Illusion einer geregelten Welt ist längst zerbrochen, und gerade daraus gewinnt ein Künstler wie Butor die Kraft und die Entschlossenheit, das assoziative Zusammenfallen von Wahrnehmung und Vorstellung, von Projektionen und Erinnerungen ernstzunehmen als subjektive Einheit und eben auch als ästhetische Einheit.

An dieser Stelle der künstlerischen Erfahrung erhält nicht zuletzt der Traum besonderes Gewicht. „Eine Beschreibung der Welt, die die Tatsache, daß wir träumen, nicht berücksichtigt, wäre selbst nur ein verfälschender Traum", sagt Michel Butor. Die Reisen, die seine Texte beschreiben, sind daher immer auch Reisen durch die Welt der Träume, die sich wie ein Film über die geographische Welt legt, und auch der Lektüre von Butors Arbeiten wohnt etwas Traumartiges inne. Beim Erwachen aus diesen Welten aus Sprache möchte man sie festhalten, doch das will nie so recht gelingen: die Texte entziehen sich dem Leser immer wieder, an welchem Zipfel er sie auch packen mag, und gerade dadurch bleiben sie auch beim mehrmaligen Lesen noch reizvoll.

Wenn bisher von geographischen Reisen gesprochen wurde und von Reisen durch Traum- und Bewußtseinswelten, so kommt noch ein drittes hinzu: Butor ist auch in der Welt der Künste ein weitgereister Mann, der die Früchte einer polyglotten Bildung ins Textgewebe einzuflechten weiß. Das mag nun allzu metaphorisch klingen, aber die Metapher ist Realität bei Butor, und wir sind eingeladen, sie beim Worte zu nehmen: diese Literatur vergleicht nichts, sie setzt gleich, und eben daraus entsteht jene Einheit, von der die Rede war. „Reiserouten" sind zwölf zusammenhängende Texte in

Butors Buch überschrieben, und diese „Reiserouten" führen durch die Bilderwelt der portugiesischen Malerin Maria-Elena Vieira da Silva. Nur sehr aus der Ferne haben diese Texte, die so gar nicht statisch wirken, etwas mit dem bekannten Genre der ‚Bildbeschreibung' zu tun. Einer davon heißt „Brücken", und darin ist die Rede von der anderen Sprache, dem anderen Blick und der anderen Art und Weise des Essens, die uns auf der anderen Seite vieler Brücken begegnen. Die Ethnologie prägte für dieses Phänomen der Beklemmung beim Eintritt in fremde Kulturkreise den Begriff ‚Kulturschock', und einen solchen mögen wir auch erleben, wenn wir mit der alchemistischen Kunst Butors konfrontiert werden, mit ihren Ingredienzien aus exotischen Legenden und traumbestimmten Bewußtseinslagen. Michel Butor, nach eigenem Verständnis ein didaktischer Schriftsteller, der über ausgeprägte ethnologische Interessen verfügt, weiß dem gutwilligen Leser aber auch immer wieder Brücken zu bauen, um den bis zu einem gewissen Grade höchst lehrreichen Kulturschock zu überwinden.

Bei Butor werden aber nicht nur Kunstwerke zu Landschaften, sondern ebenso Landschaften zu Kunstwerken. Wurde Kunst lange Zeit als Nachahmung der Natur angesehen, gleichsam als zweite Natur, so behandelt Butor im Gegenteil die Natur als ein Kunstwerk: er interpretiert sie wie eine Legende oder ein Gedicht und läßt sich von ihr davontragen wie von einer Komposition oder einem Gemälde. Landschaften, Träume und Kunstwerke – alles steht gleichrangig nebeneinander, angezeigt durch eines der häufigsten Wörter in den *Fenstern auf die Innere Passage*: das Wörtchen „indes". Die Gleichzeitigkeit dessen, was ist (oder was sein könnte), findet sich bei Michel Butor verdichtet zu einer überaus kunstvollen Polyphonie.

Vagheit des Unendlichen

Patrick Grainville (* 1947)

Die Orgie, der Schnee
(*L'Orgie, la Neige*, 1990)

Es gibt Bücher, bei deren Lektüre den Kritiker das Gefühl nicht losläßt, eigentlich unzuständig zu sein; Bücher, deren Thematik ihn nicht im mindesten berührt oder, schlimmer noch, sogar abstößt: Fußballgeschichten etwa, ein Epos über die Pferdezucht oder, falls es so etwas heute noch geben sollte, ein Roman über die Jagdleidenschaft. Darf sich ein Urteil über solche Bücher anmaßen, wer ihr Thema für obsolet, für ganz und gar ohne Belang hält?

Andererseits: wir reden hier von Literatur, also vom Wie und nicht vom Was des Schreibens. Aus dem langweiligen Fußballthema läßt sich packende Literatur machen, wenn Ror Wolf schreibt; aus einer Pferdegeschichte formte John Hawkes sein mitreißendes *Whistlejacket*; warum sollte man da nicht auch einen Jagdroman anschmecken? Patrick Grainville zeigt, warum nicht: in seinem Roman *Die Orgie, der Schnee* ist die Jagd nicht nur ein Thema, sondern ein (ideologisches, ästhetisches und offenbar auch autobiographisches) Anliegen; als solches ist sie gleichsam unerträglich.

Tatsächlich: hier gibt es ihn noch, einen Roman über die Jagdleidenschaft. Zwar will Grainvilles Prosa mit ihrer forcierten sprachlichen und bautechnischen Modernität zunächst den Eindruck machen, sie habe nichts mit den Jagdbüchern eines Hermann Löns gemein, und auch das Eingetauchtsein des Romans in einen dickflüssigen Sud aus Blut, Schweiß und Sperma mag seine Verwandtschaft mit waidmännischem Geraune vom dunklen Tann eine Weile verbergen. Immer wieder aber verrutscht die dünne Schicht aus spätexistentialistischem Gehabe und gibt sich als modischer Aufputz zu erkennen, unter dem sich die Apologie einer verlogenen, pseudoarchaischen Blut-und-Boden-Ethik vom Kampf ums Dasein austoben darf: „Meine Jagd war individuell, sie konfrontierte den einzelnen Menschen und das einsame Tier und ließ letzterem die besten Chancen. Jagen, das hieß die Strömung des Lebens selbst berühren, den Antrieb der Erde einatmen."

Erzählt wird in der ersten Person der Erinnerung die Geschichte eines heftig pubertierenden 15jährigen während einiger Wochen des Jahres 1962.

Ein für die Normandie ungewöhnlich starker Schneeeinbruch verzückt und befreit den Jungen: „Es schneit und ich fürchte mich nicht mehr. Ich weiß, ich bin unsterblich." In der weißen Landschaft tritt er das Erbe seines jagdbesessenen Vaters an; den Mord an der Kreatur legt er sich als einzig mögliche Liebe zur Natur zurecht, und hinein in diesen Strudel gerät ihm jene andere Gestalt der Liebe: die erwachende der Geschlechtlichkeit. Weiß wie der Schnee ist die Haut seiner asthmatischen Freundin Yolande, deren Schamlippen er mit der Zärtlichkeit des Spurenlesers betastet, bis die Schmelze einsetzt.

Das alles ließe sich mit sparsamen Bildern und präziser Sprache gewiß in ein hochsuggestives Stück Literatur verwandeln, und Grainville ist sichtlich bemüht, seinen Stoff zu Szenen aus Fleisch und Blut gefrieren zu lassen. Daß das Prosafleisch dennoch seltsam blutleer, der Satzfluß knöchern und unmuskulös wirkt, liegt an der fehlenden Linie des Erzählten, an der hemmungslosen Beliebigkeit, mit der noch dem geringsten Geschehnis und dem flüchtigsten Sinneseindruck ein beschreibungswütiger Sprachschwall hinterdreingeschickt wird, bis aber auch jede Wildentenart, jede Landschaftsformation, jedes Seelenflattern des Protagonisten gleich mehrmals beim Namen genannt ist. Und der Beschreibungswut hinzu gesellt sich sogleich die Deutungs- und Überhöhungswut, so daß diese Prosa vor aufdringlicher Symbolik nur so trieft und allenthalben der „Atem des Unendlichen" wabert. Von einer „Vermengung von Vagheit und Schärfe" spricht der Text an einer Stelle; genau so ist er selber.

All das ginge an, um das nebulöse Bewußtsein des pubertierenden Helden zu charakterisieren – doch Grainville will mehr: er will allen Ernstes die „bewegungslose Drift des Unendlichen und Ewigen" einfangen und im Winterwetter Transzendenz ausmachen; er schwingt sich auf zur verklärenden Feier seines Protagonisten, bis er sogar in dessen Monopoly-Partien eine „ekstatische Apotheose" erblickt. Ohne eine Spur von Ironie ruft der sich erinnernde Erzähler aus: „Ja, ich habe das Leben erfahren, die vollkommene Ekstase".

Dieser erinnernde Erzähler ist schließlich aus dem Hintergrund vorgetreten, und mit ihm erreicht die Verlogenheit des Textes ihren Höhepunkt. Drei Jahrzehnte nach Jagd und Schnee lebt der Erzähler als Schriftsteller in Paris, weiß sich selbst „hohl", in einen „Insektenpanzer der Wörter" eingeschlossen, von Büchern umgeben, die „Geier, Geziefer" sind. Und dieser Erzähler, der die Stirn hat, sich als „unerbittlicher Realist" vorzustellen, gibt nun vor, in „das wahre Leben" – das des 15jährigen Jägers – zurückzutauchen, indem er zu einer wüsten Bücherschelte ansetzt, in die erneut eingeschneite Normandie fährt und mit seiner alten Flinte loszieht. Das soll die Rückkehr zum Glück der Ursprünglichkeit sein – deren Beschreibung sich allerdings selbst widerlegt: während Hemingway wenigstens so konsequent war, seine schlichte Mär vom alten Mann und dem Meer in schlichte Sprache zu kleiden, inszeniert Grainville seine Literaturschelte mit krampfhafter Literarizität und redet dem, was er für die unmittelbare Erfahrung des Seins hält, mit einem überhöhenden Pathos das Wort, das das glatte Gegenteil von Unmittelbarkeit und Direktheit ist. Alle kulturellen, realitätsvermittelnden Errungenschaften der Moderne werden kurzerhand in eine „Kette der Ersatzhandlungen" uminterpretiert; statt dessen hat es Grainvilles Erzähler nötig, die Aussicht auf eine Autofahrt bei Glatteis zu bejubeln: „Endlich das Bild einer wahren Gefahr, einer archaischen Bedrohlichkeit [...], es entzündet in mir ein Freudenfeuer."

Erhitzt fühlen wir uns allenfalls vor Ärger über die Lektüre, und schon allein aus Gründen der Nachsicht mit dem Autor tun wir gut daran, sein Buch so schnell wie möglich zu vergessen.

Matt und verstörungslos

Jean-Philippe Toussaint (* 1957)

Der Photoapparat
(*L'appareil-photo*, 1988)

Gewiß, angesichts des wieder salonfähig gewordenen, allenthalben brandenden Pathos ist Lakonie bitter nötig, und erzählerisches Understatement hat immer auch etwas Erfrischendes an sich – doch kann man's nicht auch übertreiben mit der Untertreibung? Ist jede bedeutungsresistente Nicht-Story, jede slapstickhafte Episodenverknüpfung, die sich obendrein aller brüllenden Slapstick-Qualitäten mannhaft entmannt hat und nur noch sanftmütig tollpatschelt, schon ein Glücksfall? Macht steril unangestrengtes Erzählen des linkischen Treibens eines irreal dummdreisten Ich-Erzählers bereits neuen literarischen Wind her?

Solche Fragen stellt man sich ratlos bei der Lektüre von Jean-Philippe Toussaints kurzem Roman *Der Photoapparat*. Wenn je ein Text geschrieben wurde, der nicht die Spur von Leidenschaft oder Intensität aufweist, dann dieser; statt dessen versucht Toussaint, um drei Ecken herum pfiffig zu sein, indem er wie zufällig alle erzählerischen Möglichkeiten demontiert, bevor er sie auch nur im mindesten ernsthaft durchprobiert hat. Und nicht einmal diese beiläufige Demontage wird mit echtem Furor betrieben: die vermeintliche Lakonie ist doch nur ein Parlieren; was witzig sein soll, wirkt allenfalls müde geistreich; die Tücke des Objekts bleibt blaß, wo der Sprache ohne Not alles Tückische weggebügelt wird. Dieses Buch scheint nur plappern zu wollen.

Nun mehren sich im Fortgang des Buches Passagen, in denen der Erzähler zu pseudophilosophischen Erörterungen ansetzt, und da liegt der Verdacht nahe, diese Stellen könnten einen verborgenen Schlüssel enthalten, unter dessen Zuhilfenahme sich dem Text doch noch ein Dreh abgewinnen ließe, der die Lektüre lohnt. Leider ist aber auch das nicht der Fall. Nach eigenem Bekunden gelangt der Erzähler „nach und nach von der Schwierigkeit des Lebens zur Verzweiflung des Seins", nichts davon läßt sich beim Lesen verifizieren: das Buch enthält – jenseits verschwommener Karikaturen – weder Leben noch Sein; die „Schwierigkeiten" des Erzählers sind nur eine Funktion seiner vorsätzlichen Ungelenkheiten; und Verzweiflung stellt sich allenfalls beim hungrigen Leser ein, der nichts zwischen die Zähne bekommt.

Der Erzähler kolportiert die Hoffnung, „daß mein wiederholtes Anstürmen, meine stille Ausdauer, Stück für Stück die Wirklichkeit mürbe machen würde, so wie man, wenn Sie wollen, eine Olive zermürbt, indem man mit einer Gabel immer wieder leicht auf sie drückt, und daß, einmal entkräftet, die Wirklichkeit schließlich keinen Widerstand mehr bieten würde" – sind es solche verblasenen Aufschneidereien, die dem Rezensenten von *Nice-Matin* die Rede vom „Kultbuch" Toussaints eingaben? Das Geplapper vom Mürbestürmen der Olive Wirklichkeit hat denkbar wenig mit dem Roman zu tun, dem nämlich neben der Wirklichkeit auch jegliches Stürmen entschieden fehlt. Noch bedauerlicher freilich ist es, daß auch nichts an Toussaints Buch „mürbe" ist: so unbekümmert plan- und richtungslos die Story ist, so ungefährdet und geleckt gibt sich die Sprache, die sie mitteilt.

Ein bißchen ändert sich das traurige Bild ganz am Schluß. Auf den letzten zehn Seiten entwickelt sich ein ganz neuer Handlungssproß, der mit dem Voraufgegangenen nicht im geringsten etwas zu tun hat – solche unmotivierten Nicht-Anschlüsse sind im übrigen der reichlich überstrapazierte Gag des ganzen Romans. Jetzt aber, am Ende, zeigt Toussaint, daß seine Erzählweise doch zu einer (vorher strengstens vermiedenen) Suggestivität fähig ist: die Ich-Figur verläßt spätabends das Anwesen nichtidentifizierter Gastgeber, unternimmt einen ländlichen Fußmarsch durch die Nacht, findet und verliert einen menschenleeren Bahnhof und endet – „Am Leben"! – in einer Telefonzelle an einer Landstraßenkreuzung. Hier endlich lädt sich die Sprödigkeit des Buches sinnlich auf, und wer die desaströse Lektüre bis hierhin durchhält, hat dann doch noch etwas davon.

Zu retten freilich ist Toussaints Bemühung nicht mehr. So wenig man hoffen mag, dies sei tatsächlich ein „Kultbuch", so sehr wünscht man sich Satisfaktion für die mittlerweile in die Jahre gekommenen Haudegen des ‚Nouveau Roman', an deren historische Leistungen Jean-Philippe Toussaint mit *Der Photoapparat* angeblich angeknüpft haben soll. Ein ‚Nouveau Nouveau Roman' liege vor uns? Wer das behauptet, verbreitet, erstens, groben Unfug und offenbart, zweitens, seine Ignoranz gleich mit: der Ausdruck ‚Nouveau Nouveau Roman' ist nämlich so neu und originell nicht, wie er klingt, sondern wurde schon 1963 von Alain Robbe-Grillet erfunden und als Forderung der Zukunft angetragen.

Die literarische Szene ist vergeßlich, sonst könnte sie sich nicht erlauben, Toussaints bescheidenes Romänchen so aufzubauschen. Vergessen scheint nicht nur Robbe-Grillet, vergessen scheint auch Beckett: dessen vier Erzählungen von 1946 – seine ersten Prosahandübungen in französischer Sprache – haben auf gloriose Weise genau jene Erzählhaltung und -perspektive in literarische Tat umgesetzt, an denen sich Toussaint nun so uninspiriert versucht. Bisweilen will es gar scheinen, als habe Toussaint Passagen der Beckett-Erzählungen nachbilden wollen – und doch ist gerade das schier unmöglich: zu urgewaltig, zu existentiell und zu boshaft sind Becketts Texte, um einen solch matten und gleichzeitig im Grunde verstörungslosen Aufguß zu erlauben. Gerade die Erinnerung an Beckett, die sich bei der Lektüre von *Der Photoapparat* leicht aufdrängen kann, bricht so endgültig den Stab über Jean-Philippe Toussaints Versuch, Nichtgeschehen zu erzählen, als sei nichts geschehen.

Italien

Der italienische Proust

Italo Svevo (1861-1928)

Ein Leben
(*Una vita*, 1892)

Senilità; auch: *Ein Mann wird älter*
(*Senilità*, 1898)

Zenos Gewissen
(*La coscienza di Zeno*, 1923)

Im Jahr 1907 stellt James Joyce, der noch mit allerlei Fährnissen kämpfende zukünftige irische Großschriftsteller, den die Launen des Schicksals in die zu dieser Zeit österreichische Hafenstadt Triest an der Adria verschlagen haben, seine meisterliche Erzählung „Die Toten" fertig, und um ihre Wirkung zu testen, liest Joyce, der sich seinen spärlichen Lebensunterhalt mit Sprachunterricht verdient, den Text einem seiner Schüler vor, dem Fabrikanten Ettore Schmitz, einem 46jährigen Herrn aus jüdischer Familie, der zum Katholizismus konvertiert ist, als er seine Frau Livia heiratete. Schmitz zeigt sich sehr beeindruckt von Joycens Erzählung und bekennt, früher selbst auch geschrieben, es aber dann wegen anhaltender Erfolglosigkeit aufgegeben zu haben. Joyce läßt sich die beiden Romane *Ein Leben* und *Senilità* geben, die Schmitz unter dem Pseudonym Italo Svevo veröffentlicht hat, und lobt ihn in höchsten Tönen: „Wissen Sie, daß Sie ein verkannter Schriftsteller sind?" Schmitz ist so gerührt, daß er wieder zu schreiben beginnt; zum Dank beantwortet er in den nächsten Jahren all die vielen Fragen zur jüdischen Kultur, die Joyce ihm stellt.

Carl Einstein ist es gewesen, der eine Kardinalforderung an die Menschenexistenz mit den Worten auf den Punkt brachte, wir müßten bescheidener werden: „gottlos, aber menschlich." Gewiß, das klingt wie die Quadratur des Kreises, aber in *Der Greis*, seinem nachgelassenen Romanfragment (in deutscher Übersetzung enthalten in dem Band *Die Erzählungen* der Werkausgabe bei Rowohlt), erklärt Italo Svevo das für möglich: „Man braucht den Himmel nicht, um gut und barmherzig zu werden." Freilich gehört schon ein besonderer, ein höchst seltener Menschenschlag dazu, das zu verwirklichen; Italo Svevo selbst scheint ihm angehört zu haben wie kaum ein zweiter – ein Muster an Sanftmut und doch gleichzeitig geradlinig und offen. Über das Küssen schreibt der 34jährige seiner 13 Jahre jüngeren Verlobten Livia: „Ich will nicht heftig sein, ich will süß und sanft sein." Die Ehe wird glücklich und dauerhaft, glücklicher und dauerhafter vor allem als die schriftstellerische Betätigung und die damit in Widerstreit stehende kaufmännische Berufslaufbahn: „Kurz, meine Frau, meine Schwiegereltern, die Cousinen, die Vettern sagen, ich sei ein guter Ehemann, und das schlimmste ist, daß ich, wenn sie mir das sagen, nicht in Zorn gerate." Svevo scheint zeitlebens das nicht geringe Kunststück fertiggebracht zu haben, in jeder Hinsicht höflich und bescheiden und dabei doch immer von Grund auf aufrichtig zu sein, wobei selbst seine durchsichtigen Selbsttäuschungsmanöver („verspreche ich Dir auch dieses Jahr, nicht mehr zu rauchen ...") die Ehrlichkeit noch unterstreichen.

Die Sanftmut hatte für Svevo offenbar jene Funktion, die bei anderen vom Zynismus erfüllt wird: sie war seine Art, mit den tiefen Wunden und Enttäuschungen fertigzuwerden, von denen es in seinem Leben wahrlich reichlich gab. Früh sterben die wenigen Vertrauten, mit denen er seine literarischen Ambitionen bereden kann, so vor allem der Bruder Elio. Der Konkurs des Vaters zwingt ihn, seine Studien aufzugeben und einen reinen Brotberuf zu ergreifen. Seine Schreibversuche werden in Triest nicht ernstgenommen; für die beiden Romane findet er keinen Verleger; als er sie auf eigene Kosten veröffentlicht, bleibt das erhoffte Echo aus. Nach langen Jahren des Schreibens zieht Svevo das demoralisierende Fazit, „daß man bei den ungeheuren Ambitionen, die man einmal nährte, niemanden getroffen hat, aber wirklich niemanden, der sich dafür interessiert, was man denkt und was man macht." Svevo versagt sich selbst das weitere Schreiben, bemüht sich um Ablenkung durch berufliche Rührigkeit und sucht sich kleine Inseln der Zufriedenheit auf den Reisen, die er für die Firma seiner Schwiegereltern nach London unternimmt. Doch es mangelt ihm an den Englischkenntnissen, und so nimmt er Privatstunden bei einem jungen Iren, der seit einigen Jahren in Triest lebt – eben bei James Joyce. Der Rest ist Literaturgeschichte.

Doch die Literaturgeschichte ist langsam, und der Zuspruch, den Svevo von Joyce erfährt (wie auch umgekehrt), hat zunächst noch keine Folgen. Nach dem ersten Zusammentreffen beider Schriftsteller, bei dem Svevo halt schon Ende vierzig ist, dauert es noch einmal fast zwei Jahrzehnte, bis Joyce, nun in Paris wohnhaft und auf dem Gipfel seines Ruhms, sich für Svevos dritten Roman *Zenos Gewissen* verwendet und der erste Erfolg sich einstellt. Italo Svevo, von französischen Kritikern zum „italienischen

Proust" ausgerufen, erntet voller Freude die ersten Früchte seines Schaffens und mahnt, im Vorgefühl des eigenen Todes, Verleger und Übersetzer zur Eile, damit er die Neu- und Auslandsausgaben seiner alten Werke noch erlebe. Der Tod freilich ist schneller, im September 1927 stirbt Svevo an den Folgen seines Autounfalls; sein Ruhm als Autor, der (völlig unbemerkt) die italienische Moderne begründet hat, erblüht erst nach seinem Tod, und sein vierter Roman *Der Greis* bleibt Fragment.

Die Summe eines solchen Lebens müßte frustrierend ausfallen, hätte der Betroffene selbst nicht anders geurteilt. Noch im Sommer 1927 formuliert Italo Svevo im Anschluß an eine kurze autobiographische Notiz: „Das ist alles. Ein Leben, das nicht schön erscheint, das jedoch von so vielen glücklichen Zuneigungen umrankt wurde, daß ich bereit wäre, es noch einmal zu leben." Der sanftmütige Svevo kann nicht lassen von seiner Bescheidenheit, und wir sind gehalten, ihm auch dies als ehrliche Bekundung abzunehmen.

Sein Werk allerdings ist alles andere als bescheiden, und darin geht es auch gerade nicht um ehrliche Bekundungen, sondern um die psychischen Verstrickungen des Individuums, das dieses zu allerlei windigen Trügereien treibt, nicht zuletzt zu Selbsttrügereien. Was Svevo unabhängig von Joyce, sogar vor diesem, aber ganz im Sinne von dessen weltliterarischer Revolution entdeckt und entwickelt hat, das ist die Erkenntnis, daß Welterfahrung im Roman der Moderne notwendigerweise eine subjektive Erfahrung ist, die folglich in subjektiver Perspektive festgehalten werden muß. In aller Bescheidenheit hätte sich Italo Svevo in dieser Hinsicht als Vorreiter verstehen dürfen. Daß er nebenbei auch noch einen Dialekt literaturfähig gemacht hat, der zuvor mit Herablassung und Ignoranz gestraft wurde, nämlich das Triestino, dessen sich im übrigen auch Joyce bediente (im Alltag, heißt das, nicht in seinen Schriften, da blieb er beim überperfekt beherrschten Englisch), ist gewissermaßen das I-Tüpfelchen.

Ein Ire als italienischer Journalist

James Joyce (1882-1941)

Irland auf der Anklagebank
(*L'Irlanda alla sbarra*, 1907-12)

Unter allerlei Klagen über Irland verließ James Joyce gemeinsam mit seiner Gefährtin Nora Barnacle im Oktober 1904 endgültig seine Heimatinsel. Von seinen Landsleuten fühlte er sich mißachtet, mißverstanden und vielfach hintergangen; Aussichten auf eine Karriere als ambitionierter Schriftsteller sah er in Irland nicht. Aber auch in der Adriastadt Triest, wo er mit seiner bald wachsenden Familie die nächsten Jahre verbrachte, kam er als Künstler zunächst nicht voran und mußte sich sein Auskommen mühsam als Sprachlehrer an der örtlichen Berlitz-Schule suchen. An der Verachtung für die irische Heimat änderte das zunächst wenig, wie sich auch an den Texten zeigt, an denen Joyce in dieser Zeit arbeitete. Der schon in Dublin begonnene autobiographische Roman *Stephen Hero*, den Joyce unter Schwierigkeiten fortführte und schließlich aufgab, war nicht zuletzt eine Generalabrechnung mit der eigenen Herkunft und diversen Personen und Institutionen, mit denen Joyce in seiner Jugend zu tun gehabt hatte, und der Erzählungsband *Dubliner*, für den Joyce in Triest die meisten Texte schrieb, sollte vornehmlich die allgemeine Erstarrung in der irischen Hauptstadt schildern.

Ende Juli 1906 zieht Joyce in der verzweifelten Hoffnung auf eine bessere wirtschaftliche Basis nach Rom, wo er einen Posten an einer Bank angenommen hat. Rom gefällt ihm allerdings gar nicht, zudem hat er die Lebenshaltungskosten dort falsch eingeschätzt und gerät finanziell vom Regen in die Traufe. Er vermißt die Cafés von Triest und seine dortigen Bekannten, und eines diffusen Heimwehs wegen, das ihn in Rom überfällt, beginnt er damit, irische Zeitungen zu lesen und die irische Heimat in einem freundlicheren Licht zu sehen: „Ich hätte gern einen Stadtplan von Dublin an der Wand. Ich glaube, ich werde allmählich so etwas wie ein Besessener." Diese neue Besessenheit für alles Irische mildert die Schärfe seines früheren Urteils: „Wenn ich manchmal an Irland denke, will es mir scheinen, als wäre ich unnötig streng gewesen. Ich habe (in *Dubliners* wenigstens) nichts, was an der Stadt anziehend ist, gestaltet, und habe mich doch, seit ich sie verließ, außer in Paris in keiner anderen Stadt wohlgefühlt. Ich habe ihre freimütige Insularität und ihre Gastfreundschaft nicht gestaltet. Die letztgenannte ‚Tugend' gibt es, soweit ich sehe, nirgends sonst in Europa."

Auch die Tatsache, daß Joyce in Rom sowohl einen Sozialistenkongreß als auch das Wirken des Vatikans hautnah miterlebt, veranlaßt ihn, seine irische Heimat, deren erfolgloses Streben nach Unabhängigkeit von der britischen Kolonialmacht nie ernsthaft seine Sache gewesen war, mit etwas anderen Augen zu sehen. Die fatale Rolle der katholischen Kirche wird ihm klarer denn je, und bewußter denn je nimmt er wahr, daß das Heil nicht im Nationalismus liegen kann: „Wogegen ich [...] am heftigsten bin, ist das Bestreben, das irische Volk nach dem alten Schmus von Rassenhaß erziehen zu wollen, während doch jeder sehen kann, daß die irische Frage, wenn es überhaupt eine gibt, in erster Linie eine Frage ist, die das irische Proletariat betrifft." Joyce neigt in dieser Zeit zu sozialistischen Ideen, und unter den Zeitungen, die er regelmäßig liest, sticht der *Sinn Féin* hervor, das Organ der Ende November 1905 in Dublin von Arthur Griffith gegründeten gleichnamigen Partei. Joyce wird zum Sympathisanten des auf Gewaltfreiheit setzenden Griffith, dem als politisches Ziel ein anglo-irisches Königreich mit einem gemeinsamen Monarchen, aber getrennten Regierungen nach dem Muster der Doppelmonarchie Österreich-Ungarn vorschwebt. Mit der Realität dieser Doppelmonarchie ist Joyce bestens vertraut, gehört doch die multikulturelle Hafenstadt Triest (wiewohl ethnisch und sprachlich vor allem italienisch geprägt) politisch zu Österreich-Ungarn.

Im März 1907 kündigt Joyce frustriert seine Stelle in Rom und kehrt mit dem Sohn Giorgio und der zum zweiten Mal schwangeren Nora völlig mittellos nach Triest zurück. Seine alte Stelle bei der Berlitz-Schule erhält er zurück, kündigt sie aber bald und lebt nun vor allem von Privatstunden als Sprachlehrer, immer auf der Suche nach zusätzlichen Einnahmequellen. Einer seiner Schüler, Roberto Prezioso, vermittelt ihm die Möglichkeit, Vorträge an der italienischsprachigen Volkshochschule zu halten. Als erstes referiert Joyce dort am 27. April 1907 über „L'Irlanda: Isola dei Santi e dei Savi" („Irland: Insel der Heiligen und der Weisen"); es folgen Vorträge über den irischen Lyriker James Clarence Mangan (1803-49) und über die zeitgenössische Wiedererweckungsbewegung der irischen Literatur (über die Joyce zuvor stets die Nase gerümpft hatte). Vor allem aber ist Prezioso Herausgeber der Zeitung *Il Piccolo della Sera*, des Sprachrohrs der italienischen Nationalisten in Triest, und er fordert Joyce auf, Artikel über Irland für das Blatt zu schreiben. Joyce kommt der Bitte nach und stimmt seine Themen auf die politische Ausrichtung und das Publikum der Zeitung ab. So entsteht als erstes der am 22. März gedruckte Artikel „Il Fenianismo:

L'ultimo Feniano", der eine kritisch-nostalgische Sicht auf den irischen Unabhängigkeitskampf bringt; im Mai und im September folgen „Home Rule maggiorenne" über die seit Jahrzehnten verschleppten Versuche, Irland zumindest eine Teilautonomie zu gewähren, und „L'Irlanda alla sbarra" über einen bereits 25 Jahre zuvor unter skandalösen Umständen über die Bühne gegangenen Mordprozeß als Beispiel für die Unrechtsjustiz der englischen Besatzer. In diesen Artikeln klagt Joyce einerseits den britischen Kolonialismus an, spart andererseits aber nicht mit Kritik an den Fehlern und Unzulänglichkeiten irischer Politiker und Rebellen. Parallelen zur Situation Triests in der österreichisch-ungarischen Doppelmonarchie zieht er nicht explizit, sie müssen sich für seine Leserschaft aber aufgedrängt haben.

Insbesondere in „L'Irlanda alla sbarra" geht es Joyce darum, Vorurteile über die Iren zurechtzurücken, die infolge der aus Irland periodisch gemeldeten Aufstände und Gewalttaten weitverbreitet sind, zumal die internationale Berichterstattung in Ermangelung eigener Quellen meist aus dem Nachdruck britischer Zeitungsmeldungen besteht. Nicht umsonst erwähnt Joyce am Ende seines Artikels Belfast, das aufgrund der im Norden der irischen Insel herrschenden ethnischen und konfessionellen Parität zwischen den Lagern schon damals als besonderer Brennpunkt gilt.

Die Karriere von James Joyce als politischer Berichterstatter des *Piccolo della Sera* endet nach den drei Artikeln zunächst wieder. Erst im März 1909 erscheint wieder etwas von ihm im Blatt, und diesmal geht es vornehmlich um Literatur, nicht um Politik. Anläßlich einer Aufführung der Richard-Strauss-Oper *Salome*, die auf dem gleichnamigen Schauspiel von Oscar Wilde basiert, schreibt Joyce unter dem Titel „Oscarre Wilde: il poeta di «Salomè»" eine knappe Zusammenfassung der Karriere Wildes, die darum bemüht ist, Wilde mit irischen Traditionen zu verknüpfen, den Schriftsteller aber nur andeutungsweise als Opfer der englischen Gesellschaft darstellt.

In diesem Jahr 1909 ist Joyce mehrmals in Irland, um seinen Erzählungsband *Dubliner* publiziert zu bekommen (was scheitert), das erste Kino in Dublin zu eröffnen (das kurz darauf in Konkurs geht) und verschiedene Karriere- und Verdienstoptionen zu prüfen (aus denen allesamt nichts wird); zum Zweck dieser Reisen läßt Joyce sich Visitenkarten drucken, die ihn als Journalisten des *Piccolo della Sera* ausweisen, und mit diesen Visitenkarten schnorrt er sich bei verschiedenen Bahngesellschaften Freibillets. Während der ersten der Reisen erlebt Joyce am 25. August in Dublin die Premiere von George Bernard Shaws von der Zensur bedrohtem Stück *Blanco Posnets Erweckung* und schreibt über die Umstände der Aufführung einen

Artikel, den er von Dublin aus an den *Piccolo della Sera* schickt, wo er am 5. September unter dem Titel „La battaglia fra Bernard Shaw e la censura" erscheint. Auch in diesem Artikel spielen politische Zusammenhänge allenfalls eine Nebenrolle; Joyce fertigt in erster Linie eine Kritik des Shaw-Stücks, das er für mißlungen hält.

Erst im Dezember 1910 kommt es aus Anlaß der aktuellen politischen Entwicklung (in Großbritannien gibt es Parlamentsneuwahlen, die mit dem anhaltenden Ringen um irische Selbstbestimmung in Zusammenhang stehen) zum nächsten Joyceschen Artikel für den *Piccolo della Sera*, „La Cometa dell' «Home Rule»". Joyce versucht, die aktuelle Lage zu analysieren, kommt aber allenfalls zu verhalten optimistischen Schlüssen; seine Analyse folgt weitgehend den Einschätzungen, die Arthur Griffith in Artikeln seiner Parteizeitung *Sinn Féin* artikuliert. Joyce selbst steckt zu dieser Zeit in einer persönlichen und schriftstellerischen Krise, kommt mit seinem Roman *Ein Porträt des Künstlers als junger Mann* (einer Neufassung des Stoffs aus dem lange aufgegebenen Projekt *Stephen Hero*) nicht weiter und spielt zeitweilig mit dem Gedanken, die Schriftstellerei ganz aufzugeben.

Im März 1912 hält Joyce in der Volkshochschule in Triest Vorträge über Daniel Defoe und William Blake unter dem Titel „Verismo ed idealismo nella letteratura inglese" („Realismus und Idealismus in der englischen Literatur"); im April unterzieht er sich in Padua der Prüfung fürs Lehrerdiplom, schreibt dafür Prüfungsaufsätze über Charles Dickens und „L'influenza letteraria universale del rinascimento" („Der universelle literarische Einfluß der Renaissance"), wird aber am Ende aus bürokratischen Gründen nicht zugelassen. Als ebenfalls im April 1912 eine dritte „Home-Rule"-Gesetzesvorlage ins britische Parlament eingebracht wird, die nun endlich die ersehnte irische Teilautonomie zu bringen verspricht (ein Trugschluß, wie sich sehr viel später zeigt), wird Joyce noch einmal als politischer Kommentator für *Il Piccolo della Sera* tätig und schreibt den Artikel „L'ombra di Parnell", der am 16. Mai erscheint und zeigt, daß Joyce an jener Begeisterung für den gescheiterten irischen Politiker Charles Stewart Parnell festhält, die ihm sein Vater schon in jungen Jahren eingeimpft hat. Nicht zufällig ist das Schicksal Parnells auch Thema in einer Szene des Romans *Ein Porträt des Künstlers als junger Mann*, der zu dieser Zeit noch immer nur halbfertig ist.

Im Sommer 1912 schickt Joyce Nora und die Tochter Lucia zur Erholung in den irischen Westen, nämlich in Noras Heimatstadt Galway; auf der Durchreise soll Nora in Dublin auf die Veröffentlichung der *Dubliner* drängen. Da Joyce selbst sofort nach Abreise seiner Frau von Heimweh geplagt wird, reist er ihr zusammen mit dem Sohn sogleich nach, und die ganze Familie verbringt einen mehrwöchigen Urlaub in Galway; es ist das letzte Mal überhaupt, daß Joyce seinen Fuß auf irischen Boden setzt. Gesundheitlich geht es dem sonst immer recht labilen Joyce prächtig, er rudert, macht mit Nora Ausflüge mit dem Fahrrad und dem Postdampfer ins ländliche Hinterland Galways und auf die Aran-Inseln, und um an seinen Ferien auch etwas zu verdienen, schreibt er für den *Piccolo della Sera* zwei Artikel über Galway und die Aran-Inseln: „La città delle tribù" und „Il miraggio del pescatore di Aran". In beiden Artikeln betont er die alten Verbindungen des irischen Westens mit Südeuropa, um sie für seine Leserschaft in Triest interessanter zu machen. Joyce beabsichtigt, noch einen dritten solchen Artikel zu schreiben, nämlich über den italienischen Funkpionier Guglielmo Marconi, der im Moor bei Clifden im äußersten Westen die erste transatlantische Funkstation aufgebaut hat, doch just an dem Tag, als Joyce (vermutlich mit der Bahn) von Galway durchs ländliche Connemara nach Clifden fährt, um Marconi zu interviewen, ist dieser auswärtig auf Dienstreise, und aus dem journalistischen Schreibvorhaben wird nichts.

Überhaupt endet der Urlaub unerquicklich, da der Dubliner Verleger Maunsel sich schließlich weigert, die *Dubliner* herauszubringen. Frustriert kehrt Joyce Irland für immer den Rücken und reist mit seiner Familie nach Triest zurück. Die irische Wirklichkeit ist damit für Joyce ein abgeschlossenes Kapitel; auch Artikel für den *Piccolo della Sera* über die „irische Frage" wird er fortan nicht mehr schreiben.

Aber die in den Jahren 1907 bis 1912 für die Zeitung geschriebenen Texte scheinen ihm doch wichtig zu sein. Bei seinem letzten Irlandaufenthalt 1912 hält er dem Vorwurf, er habe sich in den *Dubliner*-Erzählungen und auch sonst nicht für das Wohl seines Landes eingesetzt, entgegen, „er sei wahrscheinlich der einzige Ire, der Leitartikel für die italienische Presse schreibe und daß alle seine Artikel in *Il Piccolo* von Irland und den Iren handelten." Dies wird augenscheinlich auch in Dublin anerkannt, wo am 10. September 1912 (Joyce ist noch in der Stadt) der *Freeman's Journal* berichtet, in einer Zeitung in Triest sei ein Artikel über die Aran-Inseln und die Galwayer Hafenpläne erschienen: „von Mr. James Joyce, einem irisch-italienischen Journalisten". Das Joycesche Bemühen, mit den Artikeln zu renommieren, endet auch nicht mit seiner letzten Irlandreise. Am 25. März 1914, zu einem Zeitpunkt, als der langersehnte Erfolg als Schriftsteller sich endlich einzustellen beginnt (der kurz zuvor abgeschlossene Roman *Ein Porträt des Künstlers als junger Mann* wird in einer Londoner Zeitschrift vorabgedruckt, und die Publikation von *Dubliner* als Buch steht bevor), bietet Joyce dem italienischen Verleger Angelo Fortunato Formiggine die neun Artikel aus dem *Piccolo della Sera* zur Veröffentlichung in Buchform unter dem Titel *L'Irlanda alla sbarra* an: „In diesem Jahr ist das irische Problem in die entscheidende Phase eingetreten, und tatsächlich befindet sich England, wenn man den neuesten Nachrichten glauben darf, der ‚Home-Rule'-Frage wegen an der Schwelle zum Bürgerkrieg. / Die Veröffentlichung eines Bandes mit irischen Essays wäre für das italienische Publikum von Interesse. / Diese von mir verfaßten Essays (neun) wurden im Verlauf der vergangenen sieben Jahre als namentlich gezeichnete Leitartikel im *Piccolo della Sera* in Triest veröffentlicht. [...] Ich bin Ire (aus Dublin): und obwohl diese Artikel absolut keinen literarischen Wert besitzen, bringen sie, wie ich glaube, das Problem doch aufrichtig und objektiv zur Anschauung."

Formiggine ist auf den Vorschlag, für den Joyce die neun Artikel in eine inhaltlich begründete Reihenfolge gebracht hatte, leider nicht eingegangen. Der Ausbruch des Ersten Weltkriegs vier Monate später macht weitere Überlegungen ohnedies hinfällig, vereitelt zudem die Umsetzung der „Home-Rule"-Gesetzgebung, mit der auch Joyce gewisse Hoffnungen verknüpft hat. Im Juni 1915 verläßt Joyce mit seiner Familie Triest und geht bis zum Kriegsende ins sichere Zürich; als er im Oktober 1919 nach Triest zurückkehrt, ist aus der prosperierenden Hafenstadt der österreichisch-ungarischen Doppelmonarchie eine abgelegene Provinzstadt Italiens geworden – Joyce hält es dort aus vielerlei Gründen nicht mehr lange aus, zieht im Juli 1920 nach Paris weiter und wird 1922 mit dem Erscheinen des *Ulysses*, den er in den Kriegsjahren in Zürich begonnen hat, zur literarischen Berühmtheit. Journalistisch betätigt er sich nicht mehr, weder in Sachen der „irischen Frage" noch zu anderen Themen. Aus dem Triestiner Journalisten, der in italienischer Sprache schreibt, wird dauerhaft und ohne Ausnahme ein irischer Schriftsteller, der schreibend die englische Sprache verwandelt.

Die neun Artikel, die James Joyce für *Il Piccolo della Sera* geschrieben hat, sind in Sachen Faktentreue nicht unbedingt ein Musterbild an Verläßlichkeit, aber dies macht Joyce durch ein von ihm sonst kaum gekanntes politisches und soziales Engagement wett. Die Texte sind nicht nur mit heißer Nadel gestrickt, sondern auch mit heißem Herzen geschrieben. Irland hat auf der Anklagebank Platz genommen; dieses eine Mal aber ist Joyce nicht Ankläger, sondern feuriger Verteidiger.

Der zerstreute Geist

Umberto Eco (1932-2016)

Über Spiegel und andere Phänomene
(*Il secondo diario minimo*, 1992)

Der ecologischen Bewegung, die seit dem *Namen der Rose* alle Lesevölker erfaßt hat, kann man sich schwerlich entziehen, und schwerlich kann man es dem Hanser-Verlag zum Vorwurf machen, daß er das Phänomen Eco weidlich nutzt. Von dem Band *Über Gott und die Welt*, der nichtsnutzige Betrachtungen in bester tagesfeuilletonistischer Manier versammelt, wurden allein hierzulande 70 000 Stück abgesetzt. Was läge also näher, als aus dem Fundus Ecoscher Streupublikationen eine zweite Essaysammlung zusammenzuwürfeln – auch zur Vertröstung auf den neuen Roman *Das Pendel Foucaults*, der zu diesem Zeitpunkt zwar schon im Original auf der Buchmesse zu bestaunen ist, dessen Übersetzung aber noch zwei Jahre braucht.

Das eigentlich Erstaunliche ist, daß der Band *Über Spiegel und andere Phänomene* dem – wie man bemerkt haben wird – verrißbegierigen Rezensenten zunächst einmal die Stirn bietet. Nichts nämlich fiele leichter, als die Qualitäten Ecoscher Betrachtungskunst zu beschreiben und zu rühmen. Das Abschreiten buntgemischter Phänomene, wie es hier leichtfüßig und mit einer Art naiver Kennerschaft zelebriert wird, gerät nie ins Stocken und nie ins Stolpern; die Verblüffung über gewonnene Einsichten, so groß sie auch beim Leser oft sein mag, ergreift nie den Autor, der ebenso souverän wie spielerisch an allen Fäden zieht. Zum Phänomen wird ihm grundsätzlich alles und jedes, und alles und jedes vermag er miteinander kurzzuschließen – was zwar bei Lichte besehen oft einem Spagatschritt gleichkommt; Ecos Erkenntnisinstrumente sind jedoch geschmeidig genug, um auch dabei auf die schweißtreibenden Verrenkungen manch anderer Wissenschaftsprosaisten verzichten zu können. Das Aufspüren gemeinhin übersehener Ähnlichkeiten in den Strukturen oberflächlich ganz und gar verschiedener Sachverhalte ist fast immer höchstes Erkenntnisziel.

Die Spiegel des Titels dienen der Reflexion, und die wird stets großgeschrieben beim subversiven Aufklärer Eco. Er führt vor, daß scharfsinnige Reflexion nicht reines Theoretisieren im luftleeren Raum sein muß, sondern aus einer gelegentlich fast naiv und unbefangen wirkenden, vor allem aber wachen und unablässig fragenden Beobachtung der unterschiedlichsten

Dinge erwächst. Sogenannte wissenschaftliche Diskurse knüpfen sich auf diese Weise überaus fruchtbar an sogenannte alltäglich Banalitäten; deutlich wird daran nicht zuletzt, daß der Status des Sogenanntseins gleichzeitig immer auch der des Verschleiertseins ist.

Woran aber mag es liegen, daß die Lektüre trotz dieser unbestreitbaren Ecoschen Qualitäten seltsam flach und unbefriedigend bleibt? Rührt es von der kreischenden Fröhlichkeit der hier betriebenen Wissenschaft her, von der unerschütterlichen Munterkeit, die allzusehr mit dem herrschenden Zeitgeist korrespondiert? Oder von der offensichtlichen Beliebigkeit, mit der – zugegebenermaßen eloquent und pointiert – in den diversesten Phänomenen herumgestochert wird, bis Aufsatz um Aufsatz geschrieben ist? Es drängt sich der Verdacht auf, diese Essays seien nur um ihrer Beredsamkeit willen veröffentlicht worden, und der wahre Eco-Leser finde selbst an jenen leicht fachwissenschaftlich angehauchten Arbeiten noch sein billiges Vergnügen, deren semiotische Begrifflichkeit er gar nicht bewältigt.

Umberto Eco ist von Haus aus Theoretiker, das sollten wir nicht vergessen, und zwar ein überaus gescheiter. Als solcher hat er seine Welt-, seine Zeichenmodelle fest im Ärmel, aus dem er ihre Anwendungen nach Belieben zu schütteln vermag. Die daraus resultierende Souveränität ist beneidenswert, doch sie verhindert jene taumelnde, fiebrige Erkenntnissucht, die anzustecken vermag. Eco schreibt unter Quarantäne.

Dies übrigens scheint auch der – wie es scheint: einzige – Defekt der Ecoschen Romankunst zu sein. Eco meint: „wie die erfinderische Spontaneität die wissenschaftliche Reflexion nährt, so kann [...] auch die wissenschaftliche Reflexion die Erfindungskraft potenzieren." Das allerdings ist die Frage; es sei der Verdacht geäußert, die theoretische Potenz Ecos führe zu einer Beschränkung der künstlerischen. Wer alle ästhetischen Phänomene theoretisch in den Griff zu kriegen vermag, schreibt als Romancier letztlich der Theorie hinterher. Die wirklich innovativen Romanciers des 20. Jahrhunderts dagegen schrieben den Theoretikern auf und davon, weil sie auf theoretischem Gebiet unbeschlagen waren. Nehmen wir den von Eco hochgeschätzten, von der Wissenschaft bis heute uneingeholten Joyce oder als deutsches Beispiel dessen vermeintlichen kleinen Bruder Arno Schmidt: der pflegte zwar zu theoretisieren und zu berechnen, aber in einer Weise, die zeigt, daß er davon keine Ahnung hatte. Eco hat Ahnung, und zwar über alle Gebühr, und das ist sein Dilemma.

Spanien

Katalanische Projektionen

J. V. Foix (1893-1987)

KRTU und andere Prosadichtungen
(*KRTU*, 1932)

Was wäre dabei herausgekommen, wenn der frühe Joan Miro sich dem Animationsfilm zugewandt und seine surrealistischen Traumbilder in Bewegung versetzt hätte? Wir mögen es uns ausmalen, indem wir in unseren Köpfen die Texte von Joseph V. Foix inszenieren, des wohl bedeutendsten katalanischen Autors zumindest des 20. Jahrhunderts. Foix, im Jahre 1893 geboren wie sein Freund Miro, mit dem er gelegentlich zusammenarbeitete, und gestorben 1987 in seinem Heimatort Sarrià, hat sich nie als Surrealisten sehen wollen, doch die enge Verwandtschaft ist kaum zu leugnen.

Vor allem die frühen Texte des Auswahlbandes *KRTU und andere Prosadichtungen* bestehen fast ausschließlich aus Bildern ohne Aura und Tiefe, die sich in Mutationen und Metamorphosen fortwährend dem Zugriff des Ichs entziehen. Einige Requisiten tauchen leitmotivisch auf: Fahnen, Mauern, Vögel, aber auch amputierte Hände, die durch die Szenarien schweben, und die „metallenen Projektionen" einer Technik, die der Natur ihren poetischen Rang abzulaufen droht. Projektionen sind im übrigen die Texte insgesamt, insofern sie nämlich Traumtexte sind und die Untergründe der Psyche zuoberst zu kehren suchen.

Zumindest ein Teil der Arbeiten ist aus Traumaufzeichnungen hervorgegangen. Traum, Nacht, Schwärze und das weiße Nichts tauchen auffallend häufig aus den Bildfluten auf, und das Ende wird oftmals durch „den nächtlichen Anbruch des Tages" gesetzt. Das Ich bleibt lethargisch und gehemmt; selbst die eigene Aktion wird passiv erlitten.

Gehemmt bleibt das Ich noch in anderer Hinsicht: es ist sprachunfähig. Die Arbeiten Foix' fassen das in Worte, was ihr Ich aussprechen würde, „wenn meine Stimme mir nicht immer versagen würde; mein Gott, immer versagt sie mir." So entstehen aus der Unmöglichkeit des unvermittelten Aussprechens bildhaft vermittelte Sprachgebilde, „um auf Grund meiner selbst den Liedern zu lauschen, die mir in der Kehle aufschluchzen und auf den Lippen ersterben." Wer will, kann hier auch einen Reflex auf die Unterdrückung der katalanischen Sprache nicht nur unter Franco sehen, gegen die Foix aufbegehrt, indem er sie zu seiner einzigen macht; damit setzt unweigerlich die Furcht des erklärten Katalanen, des verschwiegenen Dichters und eben auch des projektions-produzierenden Träumenden ein, „jemand könne mich bespitzeln". Katalonien bleibt für Foix stets einbezogen in jenes Land, „in dem die Blüten des Ultra-Traums mit dunkelroten Kelch und nachtblauen Kronenblättern aufgehen".

Reisender in Wandelwelten

Juan Goytisolo (1931-2017)

Jagdverbot
(*Coto vedado*, 1985)

Unter den zeitgenössischen spanischen Schriftstellern ist Juan Goytisolo aus mehrerlei Gründen der interessanteste, und dies allein wäre schon Anlaß genug, sich über sein autobiographisches Buch *Jagdverbot* zu freuen. Er beschreibt darin die Jahre von seiner Geburt 1931 in Barcelona bis zu seinem Gang ins französische Exil 1957. Es sind dies natürlich Jahre, die auch für Spanien ganz allgemein in politischer und gesellschaftlicher Hinsicht höchst entscheidende waren: die Jahre des Bürgerkriegs, des Weltkriegs und schließlich – nach dessen Ende – der Verfestigung des Franco-Regimes. Wer sich aber von Goytisolos Buch eine klare Darstellung und Analyse dieser politischen Ebene erhofft hatte, der muß enttäuscht sein – und so erging's denn auch dem *Zeit*-Rezensenten Michael Skasa, der hätte erfahren wollen, „wie sich's denn so gelebt hat in klerikal-faschistischen Exklaven". Statt dessen stößt er auf einen Stapel privater Schnappschüsse, verbunden nur durch das relativ zufällige Reihungsprinzip eines menschlichen Lebens und keineswegs durch das ordnungsschaffende Deutungsprinzip der politischen Anwendung – was Skasa veranlaßt, dem Buch Selbstverliebtheit vorzuwerfen.

Man frage sich einmal, wie wohl eine Autobiographie entstehen sollte, ohne daß da eine gewisse Selbstverliebtheit im Spiel ist. Der öffentliche Blick in den Spiegel, zumal in den verjüngenden der eigenen Vergangenheit, ist immer ein narzißtischer. Dieses Prinzip einmal akzeptiert, entpuppt sich Goytisolos *Jagdverbot* aber gerade als vergleichsweise unangeberische Unternehmung, und das nicht nur wegen des bescheiden klingenden Plaudertons, den der Autor anschlägt. Er beschönigt ganz offensichtlich wenig oder gar nichts, gibt auch einige Boshaftigkeiten und Gefühllosigkeiten preis, über die er im Nachhinein entsetzt ist (was er legitimerweise ebenfalls mitteilt), und räumt bei vielen Details ein, daß er ihre Anlässe und Zusammenhänge nicht kennt. Insofern ist *Jagdverbot* natürlich in der Tat ein durcheinandriges, ein aus zumeist unsensationellen Einzelepisoden zusammengewürfeltes Buch, doch eben darin liegt auf einer tieferen Ebene seine Stimmigkeit. Goytisolo – das zeigen seine Romane weniger in einer planen „Botschaft" als vielmehr in ihrem oszillierenden ästhetischen Wesen, in Struktur und Gestalt – wehrt sich gegen „Orthodoxie, Absolutismus und Unfehlbarkeit" jeglicher Spielart, und gerade das Nichtgeradlinige, das Unplausible seines biographischen Hintergrundes scheint es zu einem beträchtlichen Teil gewesen zu sein, wodurch Goytisolo seine erfrischend unorthodoxen Denk- und Schreibweisen eingeimpft bekam.

An einigen Stellen von *Jagdverbot* – insbesondere in den kursivgesetzten reflektierenden Passagen, die er zwischen die deskriptiv erinnernden einschiebt – benennt Goytisolo selbst solche Keime seiner Persönlichkeit: seine „instinktive Zurückweisung jeglicher Art von Autorität" führt er auf den frühen Tod der Mutter (im Bombenhagel der „Legion Condor"), seinen späteren „Widerwillen, ja geradezu Horror vor den [...] peinlich sauberen Straßen, den abgegrenzten Räumen" auf die Schauplätze und Heimlichtuereien der aufbrechenden (Homo-)Sexualität zurück. Wichtiger als solche punktuellen Rückführbarkeiten ist aber fraglos die Konstellation der Einzelbruchstücke in ihrer Gesamtheit. Die Erfahrung so vieler Gewißheiten, die sich in Luft aufgelöst haben, auch die Einsicht darein, daß manches eherne Prinzip folgenlos bleibt und dafür manches zufällige Detail jahrzehntelang nachwirken kann, haben Goytisolo zu einer existentiellen Offenheit geführt, die sich in allen Seinsbereichen ausdrückt: im künstlerischen Schaffen und in der sexuellen Bipolarität, in der kulturellen Zwittersituation (der Spanier Goytisolo, inzwischen vom Christentum zum Islam übergetreten, lebt in Paris und Marrakesch) und in der völligen Abnabelung von der Instanz Familie, von der Goytisolo sagt, daß sie ihm „schon seit Jahren nichts mehr bedeutet"; und natürlich findet sich der Ausdruck dieser Offenheit auch in seinen politischen Überzeugungen.

Das eigentlich Politische an Goytisolo liegt freilich nicht in der politischen Einzelüberzeugung beschlossen, in parteiischer Stellungnahme, einer zu instrumentalisierenden Botschaft; das eigentlich Politische ist vielmehr die Verweigerung von Eindeutigkeiten, von Möglichkeiten einfacher Zuordnung: „Katalanen in Madrid und Kastilier in Barcelona, ist unser Standort zweideutig und widersprüchlich, bedroht vom ‚Scherbengericht' beider Seiten und dennoch bereichert durch diese wechselseitige Zurückweisung, zu der die kostbaren Gaben der Entwurzelung und der Mobilität gehören."

Das erinnert sehr an die Essays und Romane Salman Rushdies, der den Migranten, die kulturelle Bastardisierung und eine Ästhetik des Vermischens zu Metaphern einer neuen künstlerischen (und auch gesellschaftlichen) Kraft erheben möchte. Goytisolo bereichert diese Metapher noch um einige Aspekte, die er in seiner Biographie vorfindet: „Das Schwanken zwischen zwei Kulturen und Sprachen scheint mir vergleichbar mit der affektiven und sinnlichen Unentschlossenheit des Kindes oder Jugendlichen: dunkle, unterschwellige Kräfte kanalisieren eines Tages, ohne daß er sich dessen bewußt wird, seine zukünftige erotische Orientierung. [...] Eine um so bedeutsamere und wertvollere Wahl, als sie vor dem Hintergrund von Kulturen getroffen wurde, deren Zusammenprall die Vorstellung von Mestizentum, Zwitterhaftigkeit und Unsicherheit beschwört. [...] Der Familienkonflikt zwischen zwei Kulturen war, wie ich heute glaube, der erste Hinweis auf einen künftigen Prozeß von dynamischen Brüchen und Spannungen, die mich außerhalb abstrakter Ideologien, System oder Vereinigungen stellen sollten, welche immer durch ihre Selbstzufriedenheit und ihr Im-Kreis-Gehen gekennzeichnet sind."

Das klingt nicht nur in dieser diskursiven Verkürzung plausibel, sondern wird, wenn man Goytisolos Buch geduldig folgt, statt sich über fehlende vordergründige „Relevanz" zu ärgern, auch durchaus nacherlebbar. Das Exil, das am Ende des Buches steht, wenngleich es hier als solches noch nicht benannt wird (Goytisolo spricht neutral von einer bevorstehenden „Reise nach Paris"), setzt da einen mehr als konsequenten Schlußpunkt: „Thema und Motiv von Heimweh, ausgleichende Projektion eines Vaterlandes, das dich enttäuscht hat, Spur, Abglanz und Vorahnung einer noch chimärischen, doch in ihrer stummen, wachsamen Nähe bereits in deinem Geist gegenwärtigen Welt."

Der Leser kann sich nur wünschen, daß Goytisolo seinen Lebensbericht fortsetzt: das Exil selbst und zumal der Umstand, daß es auch nach dem Ende der Franco-Diktatur nicht aufgegeben wird, sollte manchen Anlaß bieten, Goytisolos Philosophie des Schwankens weiter zu konkretisieren. Vielleicht allerdings ist auch dieser Wunsch wiederum eine unzulässige Verkürzung auf eine Botschaft hin.

Die Häutung der Schlange
(En los reinos de taifa, 1986)

Wenn der erste Teil von Juan Goytisolos Lebenserinnerungen, auf deutsch unter dem Titel *Jagdverbot* erschienen, ausgesprochene Lust auf mehr machte, so lag das nicht zuletzt daran, daß Goytisolo dort anschaulich beschrieb, wie schon in seiner Jugend die Voraussetzungen für seine Lebensphilosophie des Schwankens zwischen verschiedenen Kulturen, zwischen den Sprachen und auch zwischen den Polen seiner politischen, künstlerischen und sexuellen Orientierung geschaffen wurden. Die nun vorliegende Fortsetzung des Berichts schildert unter dem Titel *Die Häutung der Schlange* das Leben des Spaniers im französischen Exil einschließlich sporadischer Aufenthalte auf Kuba, in der Sowjetunion und schließlich in Marokko – sollte da die Philosophie des Schwankens nicht erneut den Fokus der Darstellung bilden?

Sie tut es wohl tatsächlich, doch dem Leser wird es diesmal zunächst schwer gemacht, das zu erkennen. Über weite Strecken des Buches befaßt sich Goytisolo nämlich mit seinen langjährigen illusorischen Versuchen, sich über die existentiellen Widersprüche seiner Person hinwegzutäuschen und Halt zu finden im eindeutigen politischen Engagement. Das erste und gleichzeitig längste Kapitel widmet er einer sehr detaillierten Chronik seines Eintretens für die kommunistische Partei – speziell für die spanischen Exil-kommunisten –, wobei es erst heftigster Beweise für die Repressions-mechanismen auch der nachstalinistischen KP bedurfte, um Goytisolo von seinen politischen Illusionen zu kurieren. Das entsprechende Kapitel seiner Erinnerungen hat Goytisolo „Der Energiedieb" überschrieben; gemeint ist damit mehrerlei: das spanische Heimatland, von dem sich abzunabeln Goytisolo erstaunlich lange braucht; das politische Engagement, das den Durchbruch von den äußerlich erfolgreichen, künstlerisch aber unambitionierten ersten Romanen zur vollgültigen Kreativität der späteren Jahre zunächst verhindert; schließlich aber auch die Fassade des umtriebigen Intellektuellen, der seine widersprüchliche sexuelle Identität mit Macht unterdrückt, bis das Schlüsselerlebnis mit einem jungen Araber endlich die Homosexualität zu ihrem Recht kommen läßt.

Am Ende brechen – zur Mitte der sechziger Jahre – Goytisolos politische, schriftstellerische und sexuelle Verdrängungs- und Verschleierungs-mechanismen zusammen, und in einem schmerzhaften Prozeß, den er in seinem Buch mit bewundernswert unaufgeregter Offenheit schildert, beginnt er die Brüche der eigenen Person nicht nur zu akzeptieren, sondern gerade aus ihnen auch die Energien zu beziehen, die seine Existenz wie sein Schaffen fortan prägen werden. Voraussetzung dafür ist, daß er sich von allen aufgezwungenen Zugehörigkeiten freimacht. Goytisolo spricht vom „begehrten Ausweis als Staatenloser", vom Fremdwerden der Nabelschnüre, die ihn zu ersticken drohen, und vom Entschluß, gegen das Selbstbild des erfolgreichen engagierten Autors in den Krieg zu ziehen: „Von einem bestimmten Alter an lernt der Mensch, dem freiwillig zu entsagen, was zweitrangig oder zufällig ist, um sich an jene Erfahrungsbereiche zu halten, die ihm das größte Vergnügen und die höchste Erregung bereiten: Schreiben, Sex und Liebe werden von nun an dein tiefstes, authentischstes

Territorium sein; alles andere ist nur ein erbärmlicher Ersatz dafür [...]."

Es ist bezeichnend, daß Goytisolo hier die Vokabel „authentisch" bemüht: mehrmals in seinem Buch spricht er von jener „subjektiven Authentizität", die die Errungenschaft seines den anfänglichen planen Realismus verdrängenden Romanschaffens ab 1965 sei. Im neuen Schreibstil drückt sich das aus, was Goytisolos ganze Existenz ergreift: „Häutung, Ende des Betrugs, allmähliche, befreiende Klärung einer riskanten und ungastlichen Identität."

Die Frage nach der Identität spielt die entscheidende Rolle in Goytisolos Entwicklung – wobei Identität aber eben nicht verstanden wird als schematische, in sich stimmige und oberflächliche Definition jener Zugehörigkeiten, die Goytisolo ja gerade abstreifen will: „Die Tatsache, daß ich mich von einigen unterdrückenden, sterilen Identitätszeichen frei machte, öffnete mir den Weg für einen pluralistischen Literaturraum ohne Grenzen [...]. Von nun an würde die Sprache – und nur die Sprache – mein wahres Vaterland sein."

Die Identitätsfindung setzt also erst da ein, wo die oberflächlichen, die auf Stimmigkeit angelegten Identitätszeichen abgelegt werden und sich, wie Goytisolo es formuliert, eine „Wiedergeburt" durch eine „Phase fortgesetzter Brüche" vollzieht. Schriftstellerisch nimmt Goytisolo dies mit jenem Roman in Angriff, der 1966 erscheint und eben *Identitätszeichen* heißt – einem Roman, der schon allein formal klarmacht, daß Identität gerade nicht einspurig und eindimensional ist, sondern sich aus Widersprüchlichem aufbaut: der Roman ist eine Collage aus verschiedenen Textsorten, zu denen, wie wir jetzt in der Autobiographie lesen, auch etliche Fremdtexte gehören. Die Schwierigkeiten Goytisolos mit diesem Roman waren offenbar enorm, zahlten sich jedoch am Ende aus: „Mein tägliches Ringen mit den vielen aufeinanderfolgenden Fassungen von *Identitätszeichen* unterschied sich qualitativ von meinen zurückliegenden Kämpfen mit der Literatur; was ich schrieb, sollte ein Text des Bruchs und ein Sprung ins Leere sein: ein schöpferischer, konstitutiver Text des Anfangs."

Es war der Anfang von Juan Goytisolos eigentlichem Werk, einem Werk, das gewiß in seiner Widersprüchlichkeit zu den faszinierendsten der gegenwärtigen Literatur überhaupt zählt. Wer wissen will, woher dieses Werk kommt, der wird *Die Häutung der Schlange* mit ebensolchem Gewinn lesen wie schon den ersten Teil der Autobiographie.

Nur am Rande erwähnt sei, daß dieses Buch nebenbei auch noch eine Fundgrube ist für jeden Leser, den der nicht immer souveräne Umgang der linken Intelligenz mit den Diktaturen Francos einer- und Castros anderererseits interessiert: Goytisolo hat in den sechziger Jahren manches Possenspiel hinter den Kulissen aus nächster Nähe miterlebt und erstattet davon auf lakonische, aber deutliche Weise Bericht. Schließlich enthält dieser Band auch noch ein wunderbares Kapitel über Goytisolos Kontakte mit Jean Genet. Genet, daran bleibt nach der Lektüre kein Zweifel, verkörperte mit seiner Direktheit, seiner schroffen Aufrichtigkeit und seiner Kompromißlosigkeit zu hohen Graden das, was Goytisolo als „subjektive Authentizität" zu erringen sucht.

Zudem hat der Kontakt mit Genet offenbar auch Goytisolos politische Desillusionierung befördert; Goytisolo zitiert ihn mit den treffenden Worten, das Vaterland könne nur für diejenigen ein Ideal sein, die keines haben, „wie die palästinensischen Fedajin". Als ausgesprochen pessimistischer Nachtrag dazu läßt sich Juan Goytisolos unter dem Titel *Weder Krieg noch Frieden* veröffentlichte aktuelle Reportage aus den teilautonomen palästinensischen Gebieten lesen. Goytisolo, von utopistischem Denken weiter entfernt denn je, geht soweit, daß er argumentiert, nur die strikte räumliche Trennung von Palästinensern und Israelis könne der Region Frieden bringen – gewiß ein schmerzliches Urteil für einen Mann, der nichts für fruchtbarer hält als kulturelle Vielfalt und ein Lebensprinzip des Grenzgängertums.

Engel und Paria
(*Makbara*, 1980)

Paris und Marrakesch sind die Städte, in denen Juan Goytisolo lebt; Paris und Marrakesch sind die Städte, zwischen denen er seinen Roman *Engel und Paria* ausspannt. Durch beide Städte schiebt sich der Blick eines Wanderers, und in beiden Fällen wird das, was sich diesem Blick bietet, inventarisiert in parataktischen Satzreihungen, zwischen denen kein trennender Punkt, sondern stets ein den Blick in Bewegung haltender Doppelpunkt steht. So gehört sich das auch für den literarischen Flaneur; als ein solcher läßt sich Goytisolos Erzähler allerdings nur höchst eingeschränkt bezeichnen – und am ehesten noch im Schlußkapitel, in dem Goytisolo den Romancharakter des Buches zugunsten poetologischer Reflexionen zurücknimmt und sich an einer „Raumlektüre des Djamaa el-Fna" (das ist ein Marktplatz im Zentrum von Marrakesch) versucht. Im Eingangskapitel hingegen wird Paris aus der Perspektive eines zerlumpten und verstümmelten Berbers in den Blick genommen, der die Stadt eben nicht als unbeteiligter Flaneur wahrnehmen kann, da das, was er sieht, vor allem die Angst- und Entsetzensreaktion der Einheimischen auf ihn ist: „der Paria, der Aussätzige, der Neger läuft frei herum, schaut uns an, ohne uns anzuschauen, scheint etwas im Schilde zu führen, ist auch noch stolz darauf, uns zu erschrecken: wo kommt der her?: wer hat ihn laufenlassen?: und dann in seinem Zustand, mit seinen Wunden und seinen Lumpen, statt ihn unter Quarantäne zu stellen und strengstens medizinisch zu überwachen: Brüskierung, Provokation, Versuch, die Abwehrreflexe einer permissiven und liberalen Gesellschaft gegen ihn zu mobilisieren".

Die liberale Permissivität Europas, soviel wird schnell klar, hat ihre selbstgefälligen Grenzen, und das „Recht auf Verschiedenheit" hat bald verwirkt, wer den klinisch keimfreien Schreckensgelüsten der Vergnügungssüchtigen als „viel zu realistisches Horrormodell" von Angesicht zu Angesicht gegenübertritt. Paris, das heißt: biedere Provokationen in Form von Scherzartikeln sind gefragt, und Körperlichkeit wird in den aseptischen Traum von einer Hochzeit in Weiß verpackt; in eine solche Szenerie hinein schickt Goytisolo seinen namenlosen Marokkaner, um allein schon durch seine Anwesenheit, durch seine unverhüllte Körperbetontheit zu provozieren. Goytisolo zitiert das Angstklischee vom barbarischen Araber herbei und demaskiert es gleichzeitig als eine Art unterdrückter Lustprojektion.

Gründlich vergangen ist die Lust den übersättigten Bewohnern des „Eurodrecks", der sogenannten westlichen Zivilisation, wie sie Goytisolo in einer satirischen Einlage anhand der US-Metropole Pittsburgh ausmalt: Befruchtung und Fortpflanzung gehen „unter vollkommen keimfreien und hygienischen Bedingungen" vonstatten, und der natürliche „Hang zu Müßiggang und Spiel" wird den Bürgern systematisch ausgetrieben. In dieser Szenerie nun ist unser arabischer Paria als „Gruselstar wider Willen" in das Labyrinth der städtischen Kanalisation abgetaucht, aus dem ihn Funk und Fernsehen ans Licht öffentlicher Erregtheiten zu zerren suchen.

Mit der Pittsburgh-Einlage, die sich über mehrere Kapitel hinzieht, verläßt Juan Goytisolo den flirrenden Raum suggestiven Erzählens, der in den Paris- und besonders den Marrakesch-Kapiteln aufgebaut wird, zugunsten eines narrativen Blicks, der allzu einspurig und bisweilen geradezu läppisch wirken könnte; allerdings hat das Methode, denn die Metropole der neuweltlichen Zivilisation ist in jeder Hinsicht „sorgsam behütet vor möglicher Kontamination", und solche Keimfreiheit färbt eben auch auf Sprache und Erzählduktus ab. Mit den Mitteln der Sprache, mit einerseits floskelhaft körperlosem, andererseits schroff körper- und lustbetontem Sprechen sucht Goytisolo die thematische Grundopposition dieses Romans in den Akt des Erzählens selbst umzusetzen, nämlich die Opposition aus krankhaftem Reinlichkeitszwang und einer Apotheose des Unreinen, des Ansteckenden und auch des Bastardischen. Hinter dieser Opposition steckt die Konfrontation zweier Lebens- und Erfahrungsweisen, wie sie in diesem Roman anhand der Städte Paris und Marrakesch entworfen werden: „Asepsis, Kälte, Anonymität, verurteilende Gesichter, feindliche Blicke, alles vergessen: Liebe, Verfügbarkeit, Abenteuer, Treibenlassen, Schwärmerei, Leichtigkeit".

Es wird schnell klar, daß Goytisolo mit seinem Roman ein leidenschaftliches Plädoyer für die zweite dieser beiden Erlebnisweisen einlegt, also für Marrakesch und für den Paria des Titels – genauer: den Paria des deutschen Titels, der leider etwas in die Irre geht. Der Engel nämlich als zweite Hauptfigur des Buches ist nicht, wie dieser Titel nahelegt, das Gegenbild zum arabischen Paria; der (weibliche) Engel schrickt gerade nicht vor der Körperlichkeit und der Geschlechtlichkeit des Paria zurück, sondern sucht darin im Gegenteil Zuflucht vor den Reinheitsgeboten eines als ebenso verlogen wie faschistoid beschriebenen christlichen Himmels: „eine Minute der Lust, die Erinnerung an pralle Lippen, ein kämpferischer Katzenblick, eine wohlgerüstete, stolze Männlichkeit fegen Eure wundervollen Versprechungen und Wirklichkeiten mit einem Schlag hinweg / ich will endgültig sterblich sein, in die Jauchegrube der Geschichte stürzen / gebt mir mein Alter zurück, die Falten, den zahnlosen Mund, meine verlebte Vagina, den geschundenen Anus". Die Sterblichkeit, die „Jauchegrube der Geschichte" und eben auch die geschlechtliche Liebe sucht der Engel fortan auf dem Friedhof von Bab Doukkala: das arabische Wort für Friedhof, „Makbara", ist der Originaltitel dieses Romans und hätte es auch im Deutschen sein sollen.

Im letzten Kapitel des Romans gibt sich Juan Goytisolo kaum verhüllt selbst das Wort und entwirft als „Reisender in einer Wandelwelt" seine „lumpenarme Utopie von Gleichheit und unumschränkter Freizügigkeit", und dabei beschleicht den Leser doch einiges Unbehagen, denn wiewohl die Utopie per definitionem ein Idealort im Nirgendwo ist und gerade aus seiner prinzipiellen Unerreichbarkeit seine Kraft bezieht, meint Goytisolo augenscheinlich, den Ort dieser Utopie in Marrakesch als einen real existenten verorten zu können: „Befreiung der Rede, aller Rede, die dem herrschenden Regelmaß entgegensteht: [...] abrupter Bruch mit Dogmen und amtlichen Geboten: [...] erzählen können, lügen, fabulieren, all das ausschütten, was im Kopf lagert, im Bauch, im Herzen, in den Hoden, in der Scheide: reden und reden, heraussprudeln lassen Stunden um Stunden: Träume erbrechen, Wörter, Geschichten, bis man leer ist: Literatur, die Analphabeten erreicht, Frauen, Einfältige und Verrückte: [...] im Schutz der geschäftigen Neutralität des Ortes: [...] Hochstapler, Scharlatane, Schwadroneure: Geschichtenerzähler allesamt".

Wenn Juan Goytisolo im Überschwang der ersten Begeisterung (dieser Roman erschien im Original schon 1980 als des Autors erster mit arabischem Schauplatz) sich dem Ort solcher Utopie auf dem Markt von Marrakesch nahe geglaubt haben sollte, so ist heftigste Skepsis wohl angebracht; wichtiger aber dürfte ohnehin sein, daß Goytisolo sich mit diesem Roman erstmals einem fiktionalen, einem damit ortlosen Ort des Schreibens hat nähern können, der als einziger das „Überleben des nomadischen Ideal in der Utopie" sichern könnte: als Ideal, als Utopie, als Literatur.

Quarantäne
(*La cuarentena*, 1991)

Notizen aus Sarajewo
(*Cuaderno de Sarajevo*, 1993)

Es liegt weniger an Juan Goytisolo als vielmehr an den Zeitläuften, daß die beiden schmalen Bücher, die im Herbst 1993 von ihm auf deutsch erschienen, Kriegsbücher sind. Das eine, die *Notizen aus Sarajewo*, ist ein rein journalistischer Bericht, in dem Goytisolo seine Erlebnisse und Reflexionen während eines Aufenthalts im bosnischen Kriegszentrum festgehalten hat. Das andere, *Quarantäne* geheißen, gehorcht hingegen ganz und gar den Gesetzen fiktionaler Prosa, greift dabei aber auf den Golfkrieg um Kuwait als eine von mehreren Folien zurück.

Dabei ist das Thema – oder der Anlaß – von *Quarantäne* eigentlich eine viel privatere Tragödie: dem Erzähler ist „am Vorabend des Kriegsjahres" eine teure Freundin gestorben, und um diesen Verlust zu bewältigen, schreibt er während vierzig Quarantäne-Tagen eben diesen Text, der aus vierzig lose gereihten Bruchstücken besteht. Der erste, einleitende dieser Textabschnitte enthält seltsamerweise diesen Satz: „Als ich das Buch schließlich zu Papier bringen wollte, starb ich."

Bliebe zu klären, was die Vokabel „sterben" in diesem Satz besagt. Sterben ist der Übergang vom Leben zum Tod, gewiß, doch für das Textbewußtsein von Goytisolos *Quarantäne* wäre eine solche Definition viel zu eindeutig und zu eindimensional. Goytisolos trauernder Erzähler hängt seiner verlorenen Freundin nicht nur nach, sondern er steigt ihr auch nach;

er trifft sie wieder in einem Zwischenreich, das aus Elementen von Dies- und Jenseits, von Real- und Traumwelten (und auch traumatischen Welten), von Epiphanien und Theophanien gespeist ist. Die vorläufig wiedergefundene Freundin klärt den Erzähler auf: „Dir bleiben vierzig Tage, hatte sie gesagt, dann wirst du den Wohnort wechseln, und wer weiß, ob wir uns dann noch wiedersehen. Ich werde dich führen und dir zeigen, was ich gesehen habe, nachdem ich auf der Treppe alles Fühlbare abgestreift habe. Hör dir die Musik an, ihre melancholischen und schneidenden Töne. Sie haben die Gitarre des Blinden durch den Klang der Trompete ersetzt, der dich so betört und bannt."

Schon diese Stelle aus dem zweiten Abschnitt enthält viel von den Bauprinzipien des Textes. Da ist einmal die „Ars combinatoria", die Elemente aus der einen Wahrnehmungsebene in eine andere überführt: Rodrigos klassisches *Concierto de Aranjuez* wird vom Trompeter Miles Davis in den Jazz transferiert. Da sind zum anderen die vielen Rückbezüge auf den Kanon der Unter- und Anderweltfahrten in Literatur, Malerei, Mythologie – überdeutlich vor allem auf die *Göttliche Komödie* Dantes. Das sind aber keine durchgehenden Entsprechungen; vielmehr werden die Elemente nur unter der Bedingung übernommen, daß sie einen neuen Kontext generieren: „Da ich deine Beatrice nicht sein kann, sagte sie mit der witzelnden Vertrautheit von früher, nimmst du am besten die Dienste eines Büros in Anspruch, wenn du das Inferno besuchen willst."

Die herbeizitierten Folien – neben Dante, Bosch und Doré sind es vor allem solche der islamischen Überlieferung, aber auch beispielsweise Sufi-Gedichtsammlungen – werden bei alledem nicht nur bruchstückhaft montiert und kombiniert, sondern auch debattiert: der literarische Entwurf der Zwischenwelt ist gleichzeitig – und nicht nur unterschwellig – ein Diskurs über sich selbst. Goytisolo arbeitet mit Spiegelprinzipien, springt zwischen Positionen und Perspektiven, um das schwarze Loch einer (Text-) Identität unter Quarantäne gleichzeitig von innen und von außen in den Blick zu bekommen: „Bei unserem Gespräch fiel es mir schwer, Fragende und Antwortende voneinander zu scheiden. Wer ist sagt und wer ist sage? Wer spricht in der männlichen Form und wer in der weiblichen? Hebt sich der Unterschied der Geschlechter im Bereich der Feinsubstanz nicht auf?"

Diese durchgehende, oftmals mehrfach verschachtelte Selbstreflexivität, nach deren Prinzip Goytisolo seinen Text angelegt hat, läßt diesen quasi aus sich selbst entstehen – gefaßt in Metaphern wie jenen vom „Verhör der Revisoren", vom „Diktat des Engels", aber auch von Krankheit, Seuche, Kontamination. Dieses Prinzip und diese Metaphorik gestatten es Goytisolo, in der Prosa der Fiktion vom Erschaffen von Fiktionen zu schreiben – und von ihrem Wirken: „Wie jede Seuche sucht auch jene, die sich auf dem Nährboden des Erzählers entwickelt hat, nach der Quarantäne ihr natürliches Fortwirken in der anfälligen Person des Lesers, dem Adressaten seines infektiösen und fruchttragenden Angebots. Von dem Augenblick an, da dieser das Risiko des Abenteuers auf sich nimmt, durchlebt er selbst die Quarantäne, in seiner eigenen Luftblase von der Welt isoliert, dem Rausch der Kombination verfallen. Quarantäne des Autors, Quarantäne des Lesers, Quarantäne des Buches: unerläßlich für die energetische, transformative Wirkkraft des geschriebenen Wortes!"

Die Quarantäne ist also gerade nicht auf Reinhaltung, auf Scheidung angelegt, sondern auf Transformation, auf das Ausbrüten des Neuen aus den Splittern und Fragmenten des Bestehenden. Goytisolos „Ars combinatoria" ist ästhetisches Programm, und dieses ist eingebettet in ein übergreifendes mythologisches, kulturelles, politisches Programm: ein Programm der Offenheit und der Vielgestaltigkeit. Das Vielgestaltige äußert sich nicht nur in der metaphorischen Uneindeutigkeit, die dieser Prosa Goytisolos ihren Zwischenwelt- und ihren Traumcharakter verleiht, sondern auch in der Vielfältigkeit der als Folien übereinandergelegten Ordnungen: die vierzig Textteile der Quarantäne, die vierzig Tage Trauerarbeit sind, sind gleichzeitig vierzig Bombennächte in Bagdad – und in Basra und in Barcelona. Zitiert wird nicht nur der literarische und mythologische Kanon, zitiert wird ebenso das Vokabular des Krieges im totalen TV-Zeitalter.

Im übrigen finden wir das Eintreten für Vielgestaltigkeit auch in den *Notizen aus Sarajewo* wieder: Goytisolo erkennt in der bosnischen Hauptstadt, die über Jahre hinweg vor unseren Augen zerstört wurde, einen „Raum, in dem die Unterschiede sich vermischen und sich durch Osmose und Durchlässigkeit gegenseitig befruchten, anstatt der Grund für Ausgrenzung zu sein". Durchlässigkeit statt Ausgrenzung, und dies in politischer, ethnischer, kultureller wie ästhetischer Hinsicht: das ist es, wofür Goytisolo seit jeher eingetreten ist, und angesichts der allgemeinen Weltlage scheint es so, als sei dieses Eintreten heute notwendiger denn je.

Die Marx-Saga
(*La saga de los Marx*, 1993)

Die Marx-Saga heißt dieser Roman des spanischen Schriftstellers Juan Goytisolo; *Die Marx-Saga* heißt aber auch jener Roman, den Goytisolos Erzählerfigur in diesem Roman zu schreiben versucht und von dem sie im letzten Satz erkennt, daß sie ihn „niemals" schreiben werde. Goytisolo bedient sich also des Tricks, gerade das Scheitern eines Romanprojekts als Gelingen des Romans vorzuführen – eines Tricks, der ebenso wirkungsvoll wie alt ist. Wir können ihn bis auf den *Tristram Shandy* von Laurence Sterne, in gewissem Sinne sogar bis auf den *Don Quijote* von Cervantes zurückführen, und so ist es kein Wunder, daß diese beiden Bücher in Goytisolos Roman Erwähnung finden. Die *Marx-Saga* können wir, wenn wir wollen, als metafiktionalen Kommentar zur Geschichte der Romangattung lesen: Goytisolo votiert für den Roman als Formexperiment und gegen die Trivialisierung der Romangattung zum verfilmbaren Kitschstoff, also etwa zu dem, was seit Galsworthy mit dem Begriff der Familiensaga verbunden ist.

Diese Lesart von Goytisolos Roman als metafiktionale Stellungnahme wird nur noch um so reizvoller dadurch, daß sie sich zunächst ganz und gar nicht aufdrängt. Das Buch beginnt nämlich ganz anders: mit der Beschreibung eines Luxusstrandes an der italienischen Adriaküste, vor dem plötzlich ein Dampfer ankommt, über und über beladen mit albanischen Flüchtlingen, die sich gleich einem Heuschreckenschwarm über den Strand ergießen und die reichen Sonnenanbeter in die Flucht treiben. In die einigermaßen realistische Schilderung dieser Szenerie mischt Goytisolo unaufdringlich einige eher surreale Elemente, die uns erst nach einigen Seiten auffallen; schließlich begreifen wir, daß die ganze Szene im Fernseher abläuft und unterbrochen wird von Sequenzen eines Fellini-Films, weil jemand mit der Fernbedienung spielt. Der Fernseher steht in der Wohnung von Karl Marx samt Frau und Töchtern.

Am Bildschirm erlebt Karl Marx, wie das „Paradies", das in seinem Namen errichtet wurde, zusammenbricht und einem „Jahrmarkt der Ideologien" Platz macht, der bald nur noch Markt sein wird. Marx reagiert auf die Bilder auf mehrerlei Weise: mit Schrecken und mit stoischem Gleichmut; mit einem Traum, in dem er Ahnvater Abraham gegenübertritt, und mit der Suche nach dem in sein Gedankensystem eingeschleusten Virus; vor allem versichert er sich, daß seine Familie um ihn ist, seine Familie im eigentlichen, nicht im ideologischen Sinne. Und so vielgestalt wie die Marxschen Reaktionsweisen sind auch die Bilder, die der Erzähler uns auf chaotisch scheinende Weise präsentiert: verschiedene Zeiten schieben sich ebenso ineinander wie die verschiedenen Wohnstätten der Familie Marx; als offensichtliche Gegenfigur zu Marx beansprucht ein als Clown verkleideter Demagoge eigene Bildsequenzen, in denen er auf „einsamer Wanderung durch den wilden Großstadtdschungel von Paris" zu einer Temposteigerung des kapitalistischen Budenzaubers aufruft (unsere Vermutung, es handele sich um einen grotesk verzerrten Bakunin, wird sich später bestätigen); kommunistische Klischeefiguren steigen von den Propagandaplakaten herab und beschweren sich, sie seien „fiktive Wesen, komponiert nach den Losungen einer parasitären Kaste von Unterdrückern!"

Mit dem ersten Kapitel endet zunächst auch dieser grelle Bilderwirbel; ernüchtert tritt der Erzähler als Figur hervor. Der Lektor seines Verlags schimpft, er habe da „grandiosen Unsinn" verzapft, und fordert von ihm eben eine Marx-Saga nach Galsworthy-Vorbild: „HANDLUNG, HANDLUNG!" Der Erzähler aber wehrt sich gegen die Einfalt gekünstelter Beschreibungswonnen und beruft sich auf den „Flug einer völlig freien Phantasie". Bestärkt wird er darin, als er Besuch von dem spanischen Anarchisten Anselmo Lorenzo kriegt; schließlich schickt er seinerseits sich an, Marx persönlich einen Besuch abzustatten.

Das dritte Kapitel spielt im Marxschen Hause, allerdings nicht in einem Marxschen Zuhaus, wie es des Erzählers „ungeratene Phantasie" kreiert, sondern in den Kulissen einer Fernsehserie namens *La Baronne Rouge*. In den Drehpausen gelingt es unserem Erzähler, Karl Marx ein paar knappe Fragen zu stellen; dennoch wird ihm langsam klar, daß er „seinen verflixten, unmöglichen Roman" wohl langsam abschreiben kann. Eine anschließende Diskussionsrunde „eines halben Dutzends von Spezialisten über die Person Karl Marx'"– sie ergibt Kapitel IV – fällt ebenso ertraglos aus, zumal „Bakunin in Person" aus der Garderobe nicht herauskommt. Dem Erzähler bleibt nichts anderes übrig, als sein Romanprojekt – im Kapitel V – an Marx' Grab zu beschließen, was Anlaß zu billigen Bemerkungen vom „Tod des Marxismus" geben könnte, doch um derlei geht es hier keineswegs. Vielmehr trifft der Erzähler am Grab auf „Lenchen", die Haushälterin Helene Demuth: jene Figur aus dem Marxschen Haushalt, über die am wenigsten bekannt ist und die daher dem „Flug einer völlig freien Phantasie", von dem lange zuvor die Rede war, am meisten hergibt.

Die Phantasie des Erzählers, des Romanciers ist es, die diesen seltsam vielgestaltigen Roman bestimmt, und zwar viel mehr als die Dokumente, die Goytisolo in sein Buch inkorporiert, und der wissenschaftliche Materialismus, von dem so oft die Rede ist. Nicht umsonst spielt Goytisolo mindestens zweimal auch auf Dickens' Roman *Harte Zeiten* an, der den Kontrast zwischen emotionsloser Faktizität und der Vorstellungskraft literarisch bebildert. Eben dieser Kontrast ist unter der Hand auch eines der Themen von Goytisolos *Marx-Saga* – eines der vielen Themen, wie man hinzufügen sollte, denn die eigentlich Qualität des Romans liegt in der chamäleonhaften

Vielgestaltheit, in der er uns entgegentritt. Hier laufen etliche literarische Diskurse gleichzeitig ab, und nichts wäre unangemessener, als dieses Buch auf das Scheinthema ‚Was Karl Marx vom Zusammenbruch des Marxismus halten würde' zu reduzieren.

Goytisolos schriftstellerisches Verfahren in diesem wie in etlichen früheren Büchern ist additiv: er vermengt Stoffe aus ganz unterschiedlichen Bereichen und erzeugt in der Mischung einen Mehrwert, der ein ästhetisch-literarischer ist. Für sein Verfahren hat er anderswo den Begriff der „Ars combinatoria" geprägt, und auch dieser Begriff taucht in der „Marx-Saga" wieder auf – allerdings zur Bezeichnung eines pornographischen „Fetischistengeräts". Die Fähigkeit zur leisen Selbstironisierung gehört nicht zu den geringsten Qualitäten dieses Romans, der absichtlich der Platitüde vom ‚großen Wurf' entgeht, weil er es vorzieht, immer mal wieder einen kleinen Kick zu versetzen.

Das Manuskript von Sarajevo
(*El sitio de los sitios*, 1995)

Die Stätte der Stätten: es ist die belagerte Stadt „S.", über die sich der Schnee legt, „als wollte er seine Unschuld über das Ausmaß des Verbrechens breiten". Wir betreten diesen Schauplatz mit einem gewissen „J.G.", der sich, versehen mit einem „anachronistischen Reiseführer", in einer „gewaltigen Gruft namens Hotel" einmietet. „Alptraum, danteske Inszenierung?" Das fragt sich „J.G."; für uns Leser hingegen muß sehr schnell klar sein, um was für eine Realität es sich handelt. „J.G." sieht von seinem Hotelzimmer aus direkt auf die Allee der Heckenschützen und beobachtet Szenen, die wir aus Juan Goytisolos Reportagebuch *Notizen aus Sarajewo* kennen; alle Namenskürzel sind also schnell entschlüsselt, selbst das Hotel „H.I." läßt sich als „Holiday Inn" entziffern, und ein übriges tun biographische Details, die nachgeschoben werden. Von einer Geburtsstunde am 5. Januar ist da die Rede, was des Autors Geburtstag ist, und später erfahren wir gar, daß „J.G." am 4. Januar, am „Vorabend des härtesten Tags der Belagerung", in „S." eintrifft. Es paßt alles zusammen – und schon gehen wir Juan Goytisolo auf den Leim.

In dem Roman, der unter dem Titel *Das Manuskript von Sarajevo* erschienen ist, geht es nämlich gerade um das, was nicht paßt; es geht um eine Fiktion, die die bekannte Realität nicht nachschreibt, sondern verdrängt. Und es geht um ein intellektuelles Spiel mit Identitäten, Standpunkten und Perspektiven. Am Morgen nach seinem Eintreffen im Hotel ist „J.G." tot, getroffen von einer Granate der Belagerer. Da er an der Rezeption einen spanischen Paß abgegeben hat, erscheint der Kommandant des spanischen Kontingents der „Internationalen Vermittlungstruppen" im Hotel, um den Fall zu untersuchen. Mysteriöserweise ist der Tote verschwunden, ebenso sein Paß. Der Kommandant hat nichts anderes in Händen als einen Stoß Manuskripte, die er im Hotelzimmer findet und „J.G." zuschreiben muß. Später gelingt es ihm, am Flughafen einen Brief abzufangen, der an eine Postfachadresse von „J.G." in Paris gerichtet ist.

Dies ist das Material, das Puzzle, aus dem der erste Teil von Goytisolos Roman besteht. Wir lesen einen Text, in dem „J.G." seine Ankunft im Hotel schildert, bis hin zu dem Moment, in dem ihn die Granate trifft: „Plötzlich zersprang alles in tausend Stücke." Wir lesen die Berichte des Kommandanten, in denen Mutmaßungen über „J.G." angestellt werden: es gibt „keinen Zweifel daran, daß es sich um eine homosexuelle Person handelt", um einen Skribenten, der „auf seine Art einige subversive Standpunkte" vertritt. Wir lesen kafkaeske Traumaufzeichnungen, in denen „J.G." sich im Spiegellabyrinth von Ich und Du verfängt und in sich selbst schließlich „die entflammte Gestalt des Defäkators" ausmacht, der auf Skrupel, Anstand und das Realitätsprinzip scheißt.

Und wir lesen erzählende Kapitel, in denen „J.G." eine plötzlich hereinbrechende Belagerung entwirft, freilich nicht in „S.", sondern in „P.", einem metropolen Ort, der Paris aufs Haar gleicht. Angekündigt vom Menetekel der Graffiti, wird „die Wirklichkeit des Heterogenen, Bunten, Vermischten" Lügen gestraft, den „Kanaken" eine „baldige ‚Kristallnacht'"angedroht und, als der Stadtbezirk schließlich von der Außenwelt abgeschnitten ist und wahllos beschossen wird, eine „Bezirksbrigade zur ethnischen Säuberung" gebildet. Der Firnis der Zivilisation ist dünn und rasch verschwunden, es regiert „die Internationale der Exkremente", und mitten in diesem absurden Belagerungszustand erlebt „unser mäßiger Held" alias „unser dürftiger Held" alias „unser befangener Held" ein zwiespältiges, nicht zu unterdrückendes Glücksgefühl: „die fulminante Belagerung des Bezirks beflügelte ihn und seine Phantasie." Das ist das wohl Beunruhigendste an diesen leicht ins Surreale gewendeten Szenen: das vordem unbeteiligte Ich („War er Zeuge – oder selbst ein Teil?") wird vom Flaneur des Vorkriegs zum Voyeur der Belagerung. Angst und Lust fallen in eins. „Die nächtliche Erleuchtung war Wirklichkeit geworden: der Defäkator war der zornige Prophet aus seinen schlimmsten, seinen schönsten Träumen!"

Auf allen Textebenen beginnt das Spiegelprinzip zu greifen. Dem namenlosen Helden der „P."-Episoden wird angeboten, durch einen Einwegspiegel sich selbst beim Geschlechtsakt zuzusehen. Aber auch als Belagerter findet er sich gespiegelt, nämlich im „virtuellen Feind": ihn erblickt er im Handspiegel als Heckenschützen im Moment des finalen Schusses, „diesmal tödlich und endgültig".

All das liest der spanische Kommandant in den Manuskripten des „J.G.", und er muß darin auch lesen, daß der Belagerte in „P." beginnt, „fiktive Versionen der Belagerung zu schreiben, verfaßt angeblich von einem anonymen Kommandanten der Internationalen Vermittlungstruppen." Soll heißen: der Kommandant liest in aufgefundenen Texten etwas von fiktiven Texten, in denen er selbst, der Kommandant, als fiktive Person auftritt. Aus diesem labyrinthischen Schachtelsystem gibt es keinen Ausweg außer dem Wahn, dem der Kommandant verfällt.

Doch das Schachtelsystem aus Fiktionen und Realitäten hat erst begonnen. Wie wir aus den weiteren Teilen von Goytisolos Roman erfahren, gab es gar keinen „J.G.", sondern der Fremde, der im Hotel abstieg, war ein gewisser Ben Sidi Abu al-Fadail (dies der einzige Name, der ausgeschrieben im Text erscheint). Aus komplizierten Gründen wollen ein paar Intellektuelle, die in „S." einen multikonfessionellen „polyglotten Salon" abhalten, die Leiche dieses Mannes aus der Realität heraushalten, und so wird „J.G." erfunden und ihm die Verfasserschaft von Papieren zugeschrieben, die rasch aus verschiedenen Quellen zusammengeklaubt sind. Und damit beginnt das intellektuelle Spiel, und die „subtilen Waffen der Gelehrtheit und des Humors" kehren nach „S." zurück. Zwar ist die Bibliothek vom „Memozid" ausgelöscht, doch als „lebende Zettelkästen" führen die Schriftkundigen ihr Werk fort, rekonstruieren Teile der „verschwundenen Bibliotheksheimat" und richten sich auf den „unbewohnten Seiten" eines „Lexikons" ein.

Goytisolos Roman handelt nicht von der Belagerung, er handelt vom Überleben – vom intellektuellen Überleben, dem Überleben durch „die unendlichen Varianten des Wortes." Die Klaviatur dieser Varianten spielt Goytisolo in diesem Roman so virtuos, daß der sich am Ende zu einem Spiegelkabinettstückchen à la Borges auswächst, in dem manipulierte Manuskripte, ein zweiter, als „notorischer Sodomit" in eine Anstalt in „M." (alias Marrakesch) eingelieferter „J.G." und das wahre Treiben des Defäkators sich heilvoll verwirren. „Gab es einen Pseudo-J.G., wie es zweifelsohne einen Pseudo-Ben Sidi Abu al-Fadail gab? Ich kam mir vor wie eine Fliege, die in einem Netz feinstgesponnener Textfäden gefangensaß."

Auf Distanz gehalten, aber aus dieser Distanz heraus durchaus gestellt wird dabei die moralische Frage, ob ein solcher spielerischer Umgang mit der bosnischen Tragödie denn überhaupt erlaubt sei. Ist das, was hier getrieben wird, Voyeurismus? Ist es Katastrophentourismus, gar Leichenfledderei? Naturgemäß gibt es mehr Frage- als Antwortsätze in Goytisolos Roman, der nicht mit einer Konklusion endet, sondern mit erotischen „Appendicula", die dem Text ebenso unverbunden angehängt werden wie die „Addenda" in Samuel Becketts Roman *Watt*, einer intellektuellen Tour de Force, die mitten im Krieg entstand und an dessen Stelle mathematische und sprachlogische Exerzitien setzte. Überlebensprosa auch das.

Überleben heißt hier überschreiben: die Welt des Texts steht, um eine Formulierung Salman Rushdies aufzugreifen, in einem schiefen Winkel zur Realität. Um so scheußlicher ist es, wie sehr sich der Suhrkamp-Verlag an Goytisolos Roman vergeht, indem er ihm den marktschreierischen Titel *Das Manuskript von Sarajevo* überstülpt. Nicht nur ist im ganzen Buch nie von Sarajevo, immer von „S." die Rede, sondern es geht eben auch nicht um ein Manuskript, sondern um eine Vielzahl oberflächlich unverbundener, widersprüchlicher, palimpsesthaft gefälschter Manuskripte. Der Originaltitel lautet „El sitio de los sitios". Das kann „die Belagerung der Belagerungen" bedeuten; zunächst einmal heißt es aber: „die Stätte der Stätten". Es ist die Schädelstätte, in etlicher Hinsicht.

Andere (Per-)Versionen

Julián Ríos (* 1941)

Hüte für Alice
(*Sombreros para Alicia*, 1993)

Wenn es auch Autoren gibt, die sich isolieren und mit ihren Künstlerkollegen – den lebenden wie den toten – nichts zu tun haben wollen, so zählt der 1941 geborene Spanier Julián Ríos jedenfalls nicht dazu: er ist immer wieder fruchtbare Kollaborationen eingegangen und hat im Dialog mit anderen seine eigene Arbeit vorangetrieben. Seine beiden ersten Bücher (eines davon heißt sinnigerweise *Solo für zwei Stimmen*) schrieb er zusammen mit Octavio Paz; später hat er vornehmlich mit Malern zusammengearbeitet; nicht zuletzt entspricht es seiner kooperativen Neigung, daß er in Spanien für viele Autoren anderer Sprachräume – Flann O'Brien etwa oder Arno Schmidt – nachhaltig geworben hat.

Aber auch dann, wenn Ríos für sich allein am Schreibtisch sitzt, sind immer etliche Kollegen anwesend: Ríos schreibt immer Meta-Literatur, die sich des Werkes anderer Autoren annimmt und sie umschreibend ins eigene integriert. Das gilt für seinen großen Roman *Larva*, Ríos' Sommernachtstraum, der als solcher auf Shakespeare und Schmidt abhebt und ein Feuerwerk Joycescher Schreibtechniken zündet; das gilt für sein Schreibprojekt *Amores que atan o Belles letres*, einen Alphabetroman, der 26 Frauenfiguren der Weltliteratur vereint; und das gilt für *Hüte für Alice*, seine lang überfällige erste Buchveröffentlichung in deutscher Übersetzung.

Die Alice des Titels ist die wunderländische von Lewis Carroll. Ebenfalls von Carroll stammt der verrückte Hutmacher (oder Mad Hatter), der Alice 23 Hüte aufsetzt und sie mit 23 Geschichten umspinnt: „eine jede dieser Geschichten mit Hut wird dir zu deinem verrückten Köpfchen steigen und dich vor Langeweile behüten". Eine Prosa aus behüteten Kindheitsphantastereien ist es dennoch nicht, die wir hier zu lesen kriegen; von Lewis Carroll übernimmt Ríos zwar das Spielerische, aber nicht das Harmlose: Eros wie Thanatos fordern ihr Recht („Du willst schreien, vor Schmerz oder vor Lust"), und wenn Alice aus entsetzlichen Träumen aufwacht, sieht sie sich nicht selten einem Psychoanalytiker gegenüber, in dem sie rasch das Traumentsetzen wiedererkennt.

Neben Carroll bietet Ríos noch so einiges aus der gesammelten Weltliteratur auf. Moby-Dick durchpflügt die Wellen von Wannsee und Havel; ein „delierender Babelier" namens Joyce fiebert im Sterbebett von Molly Bloom (vielleicht spricht er aber auch nicht *de Molly*, von Molly, sondern sagt *démoli*, demoliert, und benennt einen Zustand dieser Texte ...); im „Land der Bank, der Kuh und des Kurlaubs" zückt Wilhel-Motel seine Armbrust. Dann wieder sind wir in der Alchimistengasse in Prag und sogleich bei Gregor Samsa. Kafka spätestens bringt uns auf das Grundprinzip dieser Textreihe, die Verwandlung nämlich, auch die Anverwandlung. Ich und Du begegnen einander und vermischen sich, als gingen sie von zwei Seiten in den selben Spiegel ein; NADIA verwandelt sich in AIDAN und wieder retour; vertauschte Hüte führen zu vertauschten Identitäten.

Wo die Identitäten verwischen und mit den alten Hüten auch die alten Geschichten neue Phantasien ausbrüten, spiegeln die Inhalte dieser Prosa zugleich ihre Bauprinzipien und die Schaffensweise von Julián Ríos überhaupt: die Grenzen zwischen Subjekten und Objekten lösen sich auf. Figuren, Geschichten und literarische Versatzstücke unterliegen einer fortwährenden Hybridisierung, der ständigen traumartigen Umschichtung von einer Schublade in eine andere – womit nicht nur die Sortierhilfen der Schubladendenker gemeint sein sollen, sondern durchaus auch die Schubladen in den Autorenschreibtischen. Julián Ríos läßt die Entgrenzung seines Autoren-Ichs ausdrücklich zu, um das Gewebe einer kollaborativen Gesamtliteratur enger ziehen zu können.

Was Ríos uns unterbreitet, ist, um den „Angelhaken" genannten dreizehnten Hut zu zitieren, „eine andere Version oder Perversion" des Präexistenten. Anderssein, das Spiegelbildliche, ist immer schon mitgedacht und macht sich oftmals Luft in kalauernden Sprachspielen, mit denen noch das Nichtgesagte beim Worte genommen wird. Lewis Carroll hinter den Spiegelspielen erfährt zudem Widerspruch von James Joyce. „Ein Hut ist kein Hut", setzt das Buch mit den Worten des verrückten Hutmachers ein, und als sich im letzten Textabschnitt die Klapperschlange in den Schwanz beißt, endet es entsprechend: „Ein Hut ist kein Hut ..." Das Postskriptum freilich ist ein Zitat aus dem *Ulysses*: „Ein Hut ist ein Hut".

Hüte für Alice ist gewiß nicht Ríos' wichtigstes Werk: es entstand eher nebenher während eines Berlin-Aufenthalts im Rahmen des DAAD-Künstlerprogramms. Als Einübung des deutschen Lesers in das umfängliche Werk von Julián Ríos, von dem ihm hoffentlich bald einmal mehr zugänglich gemacht wird, ist dieser schmale Band freilich vorzüglich geeignet. Die dem Band beigegebenen Titelvignetten von Eduardo Arroyo lenken zudem den Blick einmal mehr auf das, was das Werk von Ríos ausmacht: die fruchtbare Kollaboration auch über die Grenzen der Kunstsparten hinweg. Der Dialog findet statt, und der Leser hat den Gewinn.

Portugal

Im Irrenhaus

António Lobo Antunes (* 1942)

António Lobo Antunes ist, um die meistens als erstes gestellte Frage nach den biographischen Eckdaten mit drei Schlagworten zu beantworten, Portugiese, Irrenarzt und Angola-Veteran. Bei näherem Hinsehen verlieren diese drei Schlagworte allerdings schnell etwas von der Eindeutigkeit, die sie suggerieren. Portugiesisch zum Beispiel ist Lobo Antunes von Geburt und Staatsangehörigkeit, aber nur sehr bedingt in den literarischen Einflüssen, die ihn geprägt haben. Auf die Frage nach guten Büchern hat er einmal geantwortet: „schade, daß Arno Schmidt und Peter Weiss keine Portugiesen sind." Schmidt und Weiss – das ist allerdings eine erstaunliche Paarung, und dies aus dem Munde eines nichtdeutschsprachigen Schriftstellers sogar noch mehr.

Die Romane von António Lobo Antunes bewegen sich im Spannungsfeld zweier gegensätzlicher Pole, für die notfalls die beiden genannten Namen Schmidt und Weiss einstehen könnten; man könnte diese Pole aber auch einerseits Intensität und andererseits Erstarrung nennen. Intensiv bis zum Zerbersten ist die Sprachkraft der Romane (die sich durchaus mit derjenigen Schmidts messen kann); intensiv ist auch ihre nie versiegende Bildkraft: Lobo Antunes setzt die Welten seiner Romane wie einen Fächer ein, einen Fächer in bunten, oft gar schrillen Farben, der vor den Augen des Lesers vibriert und ein suggestives Flimmern erzeugt. Das soll nicht heißen, daß die Einzelheiten dieser Welten verschwimmen – im Gegenteil: jedes Detail ist scharf konturiert, ist als gestochenes Einzelbild präzis umrissen und zeigt damit eben auch eine Tendenz zur Erstarrung; nur lagern sich dann unzählige dieser für sich betrachtet starren Einzelbilder übereinander und setzen sich zusammen zu einem Film, der wie ein rasanter Wort- und Bilderwirbel abläuft und einen Sog erzeugt, dem sich der Leser kaum zu entziehen vermag und wohl auch kaum entziehen will – und das, obwohl die Fabeln der Romane auf einer weiteren Ebene erneut auf Erstarrung zielen, denn Lobo Antunes entwirft inhaltlich gesehen eine fast unerträglich lethargische Welt. Hier setzt dann der sezierende Blick des monomanischen Beobachters ein – und da mag einem tatsächlich der Name Peter Weiss einfallen.

António Lobo Antunes ist ein grandioser Monomane, ein Monomane der Sprache, die sich aus seiner Feder ergießt wie ein reißender Fluß über brüllende Kaskaden. Der formale Ausdruck dieser Monomanie sind die hitzigen Monologe, aus denen alle Bücher Lobo Antunes' komponiert sind

– freilich gibt der Autor sich von Roman zu Roman mehr Mühe, diese Monologe zu polyphonen Gebilden auszubauen. Für den Leser heißt das, daß die beträchtlichen Wonnen der Lektüre um so größer werden, je genauer man darauf achtet, die monologisierenden Erzählstimmen auseinanderzuhalten. Gefährlich wird es, sich vom Furor des Erzählens so sehr mitreißen zu lassen, daß man im Eifer des Gefechts alle Monologe in einen Topf wirft, wie es anläßlich von Lobo Antunes' Roman *Die natürliche Ordnung der Dinge* seltsamerweise der eigentlich recht lesekundigen *SZ*-Rezensentin Verena Auffermann unterlief. (Das fundamentale Mißverständnis über den Grundriß des Buches konnte die Kritikerin übrigens nicht daran hindern, den Roman in höchsten Tönen zu rühmen, was dem Kenner des Rezensionsgewerbes allerdings ebensowenig ein Mysterium sein kann wie die Tatsache, daß die deutsche Verlagswerbung für Lobo Antunes sich inzwischen stets lobender Auffermann-Worte bedient.)

Da inzwischen selbst ein Simpelleser wie Marcel Reich-Ranicki das Werk von Lobo Antunes (oder die Notwendigkeit, dieses zu rühmen) entdeckt hat, ist es vielleicht an der Zeit, eine Warnung auszusprechen: das hier ist keineswegs etwas für oberflächliche, drüberweghuschende Lektüre. Gewiß liegt das Mißverständnis auf der Hand, die grellen, schillernden Romane von Lobo Antunes müßten eigentlich halbwegs dem herrschenden Zeitgeschmack entsprechen: wo das Publikum gern und ausdauernd nach Erzählern von überbordender Sprachkraft verlangt, sollte es den elektrisierenden Satzkaskaden Lobo Antunes' doch allerhand abgewinnen können; wo der Zeitgeist nach schnellwechselnden Bildfluten giert und die visuellen Medien den Ton angeben, präsentieren die Romane des Portugiesen immerhin augenflirrende Bilderorgien von betäubender Morbidität. Müßte da nicht etwas zusammmenpassen?

Es paßt nicht zusammen, denn anders als die prosperierende Videoclip-Kultur gelten die flimmernden Welten von Lobo Antunes nicht der Ablenkung, der Zerstreuung, sondern sie sind Ausdruck eines in die Seele gesprengten schwarzen Loches, in das all die wirbelnden Weltpartikel am Ende unweigerlich hineingerissen werden. Das Weltprinzip des *anything goes* und die Genußsucht des Hedonisten haben hier keinen Platz (oder zumindest keine Chance), und wenn die fratzenhafte Prosa auch immer wieder sehr an die Bilderwelten von Hieronymus Bosch erinnern, so kann sich der Leser doch nicht lange darüber hinwegtäuschen, daß der Garten der Lüste kein Garten Eden mehr, daß er vielmehr gleichzeitig ein Garten der Ängste und der Wut und der Trauer ist. Die Wut, die bei António Lobo Antunes in den Untergründen aller Hauptfiguren rumort, ist eine Wut, die ihrer eigenen Ohnmacht gewiß ist und deshalb in Verzweiflung und Melancholie umschlägt. Die Figuren möchten es hinausschreien, möchten ihre Frustrationen der Welt ins Angesicht erbrechen – das, was sie hinauswürgen, ist aber zuallererst immer ihre eigene Ohnmacht, ausgedrückt in einem Kaleidoskop aller Frustrationen und Traumata der jeweils eigenen Geschichte.

António Lobo Antunes hat in jedem seiner Romane wieder eine neue formale Methode entwickelt, das fruchtlose Ringen seiner Figuren um einen Einklang von Innen- und Außenwelt zum Ausdruck zu bringen. Anhand der wichtigsten jener Romane, die bereits in deutscher Übersetzung vorliegen, möchte ich den Weg, den der Autor dabei gegangen ist, im folgenden Schritt für Schritt nachzeichnen.

Elefantengedächtnis
(*Memória de Elefante*, 1979)

Einblick in die Hölle
(*Conhecimento do Inferno*, 1980)

Die Geschichte ist simpel: wir erleben einen Tag im verkorksten Leben eines Psychiaters. Morgens geht er im Krankenhaus lustlos seiner Arbeit nach, unterdrückt mit Mühe „die zerstörerischen Triebe seiner Seebebenwutanfälle" und fragt sich: „Wann hat die Scheiße angefangen?" Er hält es an diesem Tag noch weniger aus als an den meisten, ruft schließlich einen Freund an und verabredet sich mit ihm zu einem Mittagessen, bei dem er keinen Bissen runterkriegt. Er meint, er sei „ganz unten angekommen", verspürt nichts als eine große Leere, die ihm auch sein Freund nicht austreiben kann.

Die Leere rührt maßgeblich daher, daß der Psychiater (seinen Namen erfahren wir nicht, er heißt immer anonym „der Arzt") aus einem Grund, den er selbst nicht weiß, seine Frau verlassen und dadurch „Bodenhaftung und Richtung verloren" hat. Er trauert zumal seinen Kindern nach, die er nachmittags heimlich beobachtet, wie sie aus der Schule kommen. Außerdem hat er einen Termin beim Zahnarzt und einen anderen bei einem Therapeuten. Unser unheldischer Held nimmt beide Termine wahr, wenn auch nicht sonderlich pünktlich, fährt mit seinem klapperigen Auto fluchend durch Lissabon, denkt an eine überfahrene Möwe, die er in der Vorwoche gesehen hat, und bildet sich ein: „Diese Möwe bin ich, und der vor dem Ich flieht, bin ich auch." Mit den Säufern in einer Bar kann und will er nichts anfangen, steht im Begriff, „in die kleine möbellose Wohnung zurückzukehren, in der ihn niemand erwartete", folgt dann doch noch einem Augenblicksimpuls und fährt ins Kasino, wo er glücklos im Spiel bleibt und glücklos mutmaßlich auch in der Liebe. Die Frau, die er dort aufreißt, reißt eigentlich ihn auf, ist alt und „verbraucht" und vulgär. Am Ende des Tages und des Romans schläft sie in seinem Zimmer; er aber ist wach und beginnt zu monologisieren: „Es ist fünf Uhr morgens, und ich schwöre dir, daß du mir nicht fehlst."

Als *Elefantengedächtnis*, der erste Roman, den António Lobo Antunes veröffentlichte, 1979 in Portugal erschien, war das eine Sensation. Hier kotzte sich einer aus, in wüsten und wütenden, freilich stilistisch alles andere als plumpen Worten, hier zog einer über seine eigene Herkunft und die portugiesische Gesellschaft und, so schien es, über Portugal insgesamt auf eine Weise her, wie das niemand zuvor getan hatte. Der Held ist zwar ein egoistischer, penetrant tatenloser und selbstmitleidiger Feigling, aber er hat keine Mühe, die Verantwortung für seine Defekte „dem System" in die Schuhe zu schieben. Daß er ausgerechnet in einem Irrenhaus arbeitet, ist eine Großmetapher für die Welt, an der er leidet: „wer hier hereinkommt, um Pillen zu geben, Pillen zu nehmen oder nazarenergleich die Opfer der Pillen zu besuchen, ist krank, urteilte der Psychiater innerlich". Das Leben findet er „obsolet und zerbrechlich [...] wie Nippes", sich selbst hält er für den „größten Höhlenforscher der Depression", und er spürt, er hat „aus seinem Leben eine Zwangsjacke gemacht".

„In einem Irrenhaus, wo sind da die Irren?" Unser Arzt scheint zu glauben, jeder sei für das verantwortlich, woran er arbeitet, der Irrenarzt also für den Irrsinn und die Sozialarbeiterinnen, „die selbst dringend Hilfe benötigten", für das allgemeine Elend. Was dieses Spiegelprinzip für den Psychiater und Dauerleider selbst bedeutet, ist unschwer auszumachen. Er suhlt sich geradezu in der „haltlosen Angst vollkommener Einsamkeit" und rührt in seinem Schädel einen wüsten Sprachwirbel ziel- und richtungsloser Metaphern an: „auf der Bühne der Gehirnwindungen folgten schwindelerregende, wirre Bilder aufeinander", und die versucht er in Sprache umzusetzen, denn unser Psychiaterheld ist ein heimlicher Dichter, für den „das Herumhantieren mit Worten eine Art heimliche Schande" ist, „eine ewig aufgeschobene Obsession." Gegen die Welt, mit der nicht zurechtkommt, setzt er sich zur Wehr, indem er Verse von Dylan Thomas oder Lieder von Paul Simon im Kopf hat und sich wünscht, „in die Bilder Cimabues zu springen und sich in den verblichenen Ockertönen [...] aufzulösen".

Realität, die sich in überbordenden Bilderstrudeln auflöst: so könnte man den typischen Lobo-Antunes-Stil beschreiben. Dieser in seinen späteren Romanen perfektionierte Stil ist in diesem Erstling durchaus schon vorhanden: die Sätze sind lang und ausladend, viele zerdehnen sich durch Partizipialkonstruktionen und schaffen eine Art Gleichzeitigkeitsprosa, wie sie außer António Lobo Antunes niemand schreibt. In *Elefantengedächtnis* schlägt die sprachliche Wucht freilich noch weitgehend ins Leere, und zwar nicht nur in jene innere Leere des Helden, der an einer „ewigen Schwierigkeit" leidet, „Worte hervorzubringen, die trocken und genau sind wie Steine." Eine Art Leerlauf entsteht durch das Erzählen in der dritten Person, das der Autor hier versucht. Da eigentlich nichts zu erzählen ist außer dem, was der Held erlebt und empfindet und denkt, ist der Erzähler überflüssig und wirkt wie eine narrativ-perspektivische Zwangsjacke, die Lobo Antunes' Prosa an der freien Entfaltung hindert. Mehrmals begehrt das Ich des Helden gegen diese Zwangsjacke auf, mehrmals drängt er plötzlich als „ich" in den Erzählraum vor, was stets durch ein „sagte sich der Arzt" oder „dachte der Psychiater" kaschiert wird. Einmal scheint die Befreiung greifbar nahe, scheint das Er zum Ich zu werden: „Scheiße Scheiße Scheiße Scheiße Scheiße, sagte er in seinem Inneren, weil ich in mir keine anderen Worte als diese fand, eine Art schwacher Protest gegen die kompakte Traurigkeit, die mich erfüllte." Erst ganz zum Schluß, auf den letzten zwei Seiten, läßt Lobo Antunes das Ich endlich frei, und der einsame Held darf monologisieren, wobei er die abwesende Frau anredet, die er liebt und verlassen hat: „Ehrenwort, ich denke nicht an dich. [...] Du magst das idiotisch finden, aber ich brauche etwas, das mir hilft zu existieren."

Was die Prosa von António Lobo Antunes braucht, um zu existieren, ist genau diese ungehemmte Monologsituation. Erst auf den letzten zwei Seiten von *Elefantengedächtnis* schafft er den Sprung in sein eigentliches Werk, alles vorherige ist ein fauler Kompromiß, der Versuch, auf eine Art zu schreiben, die nicht die seine ist. Sein zweiter, beinahe gleichzeitig entstandener und wenige Monate nach *Elefantengedächtnis* veröffentlichter Roman *Der Judaskuß* ist folgerichtig ein einziger ungefilterter innerer Monolog und damit der eigentliche Fanfarenstoß dieses unvergleichlichen Autors. *Elefantengedächtnis* ist der Anlauf, den Lobo Antunes nimmt, um in seine eigene Romanwelt zu springen, und da wir diese Welt schon kennen, ist es höchst aufschlußreich, diesen Anlauf zu studieren. Als Roman eigenen Rechts aber ist *Elefantengedächtnis* (ebenso wie auch der Versuch seiner erzählperspektivisch raffinierteren Neufassung unter dem Titel *Einblick in die Hölle*) noch gescheitert.

Der Judaskuß
(*Os Cus de Judas*, 1979)

Die Vögel kommen zurück
(*A Explicação dos Pássaros*, 1981)

Seit Samuel Beckett kurz nach dem Zweiten Weltkrieg sein Buch *Molloy* schrieb, ist die damit begründete Tradition des scheinbar unstrukturierten Monologromans von vielen Prosaschriftstellern fortgeführt worden. Nicht allen Nacheiferern freilich ist dabei aufgegangen, daß eben die Formlosigkeit von Becketts Monologen nur eine scheinbare ist und nichts mit der Bequemlichkeit einer Vorgehensweise zu tun hat, die aufs Geratewohl heruntergehaspelte Sprachfetzen Roman nennt. António Lobo Antunes aber hat Beckett verstanden, wie schon sein Erstlingsroman *Der Judaskuß* überzeugend darlegt – ein Roman, der die Zerrüttung des monologisierenden Ichs spiegelt und der gleichzeitig doch wie ein einziger erratischer Block zusammenhält. Das liegt vor allem an der hohen Gravitationskraft der traumatischen Bilder im Kern, um die an der Peripherie unaufdringlich Leitmotive kreisen, aber auch an der ebenso konsequent wie erfolgreich gehandhabten Verstrickung zweier Handlungsflächen.

Die Redesituation als äußerer Rahmen ist die eines Mannes, der in einer nächtlichen Bar unermüdlich auf eine unbekannte Frau einredet. Die beiden verlassen schließlich die Bar und verbringen den Rest der Nacht in der Wohnung des Mannes, doch die Frau bleibt unbekannt: äußerlich gleichgültig, ungerührt, vor allem stumm. Das wenige, was sie sagt, bleibt im Roman ausgespart und ist zu rekonstruieren nur über ein gelegentliches Innehalten im Redestrom des Erzählers („Nein, ich habe nicht zuviel getrunken"); das Schweigen der Frau ist der Spiegel, in dem der Redende sich selbst zu finden sucht.

Diese ständige Präsenz eines doch nicht recht greifbaren Fluchtpunkts der Narration bezieht nicht zuletzt den Leser mit ein, der in der Lektüre ja ebenfalls die Welt des Buches betritt, ohne daß er ganz darin eingehen könnte. Um so weniger können ihn die anzüglichen Stellen unberührt lassen, die sehr direkt aus dem Text hervorbrechen und deren Zudringlichkeit wohlbegründete Absicht ist. Der sexuelle Drang ist in diesem Buch gleichzeitig ein Sehnen nach Frieden und eine Form von Gewalt; er ist für den Erzähler ebenso der Versuch, dem Trauma des Krieges zu entfliehen, wie auch dessen erneutes Aufbrechen.

Der Krieg, um den es geht, ist die angolanische Katastrophe des zusammenbrechenden Salazar-Kolonialismus. Lobo Antunes' Erzähler hat als Angehöriger der portugiesischen Armee mehr als zwei Jahre in Angola verbracht; er kann die Erinnerungen, die in „nächtlichen Konvulsionen" aufschießen, nicht abschütteln und bleibt fremd in der portugiesischen Gesellschaft, so gut er sich ihr im Licht des Alltags auch eingepaßt haben mag. Nachts erbricht er all diesen inneren Dreck („was ich hinter dem, was ich sagte, nicht sagen konnte, und das war Scheiße, Scheiße, Scheiße, Scheiße, Scheiße") in dem Versuch, sich davon zu befreien, wie ja auch der Redezwang von Becketts Roman-Ichs dem Ziel gilt, die Objekte des Redens auszulöschen. Freilich bleibt die vom Alkohol und der identitätslosen Frau forcierte Nacht des Redens eine „Nacht ohne Ende", insofern nämlich der Tag sie immer nur unterbricht und nie beschließt: „und so warte ich auf den Morgen, der nicht kommt."

Dieser kraftvoll verzweifelnde Monolog ist auch „eine Rede über die großartige Einsamkeit der Betrunkenen", doch Lobo Antunes verfällt nicht der billigen Realistik lallenden Stumpfsinns. Über die Realität der Redesituation setzt er die Expressivität des Redeantriebs, also des Erinnerungstraumas. Der Roman quillt über von ausdrucksstarken Bildern und kräftigen Farben, er bleibt bis in die letzte Wendung hinein durchgeformt. Rhythmisch repetierte oder variierte Szenen und Motive setzen sich im Gedächtnis des Lesers fest und wirken dort wie ein Echo jener drückenden Erinnerungen des Erzählers, die den Gegenstand des Romans bilden. Dieser Erzähler ist zudem ein verhinderter Romancier, der sein Trauma zum Kunstwerk umformen möchte, was ihm freilich nie gelingen wird. Der Roman, der formal aus nichts anderem als seinem Monolog besteht, bleibt dennoch jenseits seiner Möglichkeiten, und gerade darin zeigt sich, daß *Der Judaskuß* über einen abbildenden Realismus weit hinausgeht. Das Buch gibt die virtuose Autorschaft von Lobo Antunes preis, der mit dem Erzähler nicht identisch ist, so sehr sich die Verlagswerbung auch müht, die Identität der Erlebnishintergründe zu unterstreichen. Das Erzähler-Ich ist ein fiktionaler Entwurf des Autors – was allerdings nicht verharmlosend gemeint ist; im Gegenteil: der Entwurf vermag der Verzweiflung näherzukommen, als es einem authentischen Bericht möglich wäre. Die Verzweiflung verschüttet die Worte, und die Sprachlosigkeit als ihr einzig authentischer Ausdruck verbirgt die Wirklichkeit, der sie entspringt. Ihren adäquaten Ausdruck findet die Wirklichkeit erst im Kunstwerk: in Lobo Antunes' *Judaskuß*, in Picassos *Guernica*-Gemälde und in den unzähligen Wirklichkeitschiffren der Literatur, der Malerei, der Musik, die in den Monolog dieses Romans eingehen. Lobo Antunes läßt seinen Erzähler bei Dutzenden von Künstlern Hilfe suchen, um Worte und Bilder für das Angola-Trauma zu finden, und das ständige „wie" der Vergleiche steht für jene Assoziationsfülle, jenen Assoziationszwang, den der Rausch der Nacht ohne Ende verursacht. Die Assoziationskraft spiegelt die Intensität, die sich vielleicht am ehesten in den grellen Melodien eines Dizzie Gillespie aufspüren läßt oder in den Gesichtszügen eines John Coltrane.

Doch wenn diese Intensität auch unabdingbares Lebenselixier ist, so ist sie dem Ich des Romans gleichwohl unerträglich – zumindest außerhalb der Kunst: im Haß des nie endenden Krieges und im zwanghaft ausgeführten Geschlechtsakt. *Der Judaskuß* läßt sich durchaus als Konflikt der künstlerisch dargestellten mit der unmittelbar zuschlagenden Realität lesen, und dies ist vielleicht sogar eines der spannendsten Lesemodelle – der Monolog als der verzweifelte Versuch, die Larven der Erinnerung dadurch zu bannen, daß sie in ein Bild von Bosch, eine Buñuel-Szenerie überführt werden: „da entdecke ich mich als eine Gestalt Becketts".

In *Die Vögel kommen zurück*, zwei Jahre nach dem *Judaskuß* geschrieben, gibt sich der Ich-Erzähler nicht mehr damit zufrieden, die Erinnerung in Bilder zu übersetzen – er überführt sie in Fremdstimmen, inszeniert den inneren Monolog als Polylog, der von außen auf ihn einströmt. *Die Vögel kommen zurück* steht damit am Übergang vom reinen Monologroman, mit dem António Lobo Antunes begann, zu den polyphonen Sprachgebilden, zu denen er anschließend findet.

Ein Mann, der nie darüber hinweggekommen ist, daß seine erste Frau ihm die Ehe aufgekündigt hat, mietet sich mit der zweiten in einen abgelegenen Gasthof ein, um diesmal selbst den Schlußstrich zu ziehen. Die Frau aber kommt ihm zuvor, und sein plötzliches diffuses Aufbegehren gegen die Trennung steigert sich zu einer Obsession, die ihn in den Tod zerrt. Der Unterschied zwischen dieser Story, die so karg zusammengefaßt banal klingt, und ihrer furiosen literarischen Umsetzung in *Die Vögel kommen zurück* begründet den erzählerischen Rang von António Lobo Antunes. Im flirrenden Oszillieren zwischen vergangener und gegenwärtiger Agonie, Geschehendem und Halluziniertem, Ich und Er kommt das beklemmende Schweigen virtuos zur Sprache.

Lobo Antunes' Erzähler sind ohnmächtige Augenmenschen: die Beschreibungs-, die Assoziationswut der quellenden Bilderfluten ist kein steriler Drahtseilakt, sondern eine vergebliche Flucht vor der Leere im Innern und der Unfähigkeit, den Schmerz zu verstehen – das Monologisieren ist sozusagen Ersatzhandlung, auch Ersatz fürs Handeln. Der

Protagonist des Romans *Die Vögel kommen zurück* zerbricht an seiner Passivität; vergeblich müht er sich, denen, die mit ihm spielen, die Initiative zu entreißen. In einem ungezügelten Höllensturz aus Sprache setzt er dazu an, wenigstens einmal selbst das Spiel an sich zu bringen, indem er allem ein Ende setzt – doch wieder ist er Opfer, nicht Akteur: das Ende wird ihm gesetzt, und er taumelt eine vor-geschriebene Bahn hinab. Die Geister, die er zur Abrechnung ruft, inszenieren ein Tribunal, unter dessen rasendem Trommelwirbel er sein Leben erbricht und sich doch nicht davon befreien kann. Niemand erklärt ihm die Vögel der Kindheit; es gibt nichts zu erklären; nur das Ungeklärte bleibt.

Fado Alexandrino
(*Fado Alexandrino*, 1983)

Reigen der Verdammten
(*Auto dos Danados*, 1985)

Das Tribunal über sich selbst, das der Protagonist von *Die Vögel kommen zurück* in seinem Kopf heraufbeschwört, sprengt die monologische Struktur, und fortan schreibt António Lobo Antunes mehrstimmig. Zunächst stellt er – in *Fado Alexandrino* (1983) – die Monologe von vier Erzählern, die auf einen Zuhörer einreden, noch recht schablonisch nebeneinander, geht dann im Nachfolgebuch *Reigen der Verdammten* jedoch schon sehr virtuos mit der Multiperspektivik um. Dieser Roman knüpft in gewissem Sinne an das imaginäre Ich-Tribunal von *Die Vögel kommen zurück* an, denn auch der *Reigen der Verdammten* ist eine Art Tribunal, nämlich über die Diktatur, die in Portugal bis zur Mitte der 70er Jahre herrschte.

Haß, Gewalt, Intrigen: die über lange Jahrzehnte leidlich funktionierenden Stützpfeiler des Feudalclans in der portugiesischen Provinz stoßen gerade in jenem Moment ins Leere, in dem sie mit der ihnen größtmöglichen Wucht aufschießen. Es ist dies der Moment, in dem das Familienoberhaupt auf dem Totenlager verreckt, der Clan endgültig zerfällt und die vorrevolutionäre Diktatur Portugals im Orkus der Geschichte verschwindet. Der Moment spannt sich über vier Tage im September 1975.

Der wortmächtige Autor läßt seine Figuren diese vier Septembertage von zwei Richtungen aus in die Zange nehmen. Sie nähern sich den Geschehnissen aus der Zukunft und mit den Erfahrungen sieben weiterer Lebensjahre, aber gleichzeitig dringen sie auch weit zurück in ihrer eigenen Geschichte und graben nach den Wurzeln jener Wurzellosigkeit, die in den Tagen nach der Nelkenrevolution an die Oberfläche trat. Die vier Tage im September 1975 werden von allen Seiten umwirbelt, aber sie bilden doch deshalb noch keinen Ruhepol im Auge des morbiden Orkans aus dichter, durchschüttelnder Prosa.

Der sterbende Alte heißt Diogo und ist seit Urzeiten Witwer; seine Frau wurde kurzerhand für tot erklärt, als sie ihn verließ – unter Umständen, die dramatisch zu nennen reinste Banalisierung wäre. Diogo hat drei Kinder: einen schwachsinnigen Sohn, der in Eisenbahneruniform herumläuft und sich sein Leben lang nur mit dem Ausbau seines Miniaturschienennetzes beschäftigt, zwischendurch allerdings immerhin noch dreimal seine Frau schwängert; eine mongoloide Tochter, die nicht spricht; eine weitere, nach den hier herrschenden Maßstäben gesunde Tochter, die dem Alten sein wahres Abbild in Geist und Haltung in die Familie holt: ihren Mann. Dieser Schwiegersohn behelligt nicht, wie der Alte, nur das weibliche Hauspersonal, sondern alle Frauen der Familie; der Mongoloiden hat er eine Tochter gemacht und dieser Tochter wiederum eine. Neben den inzestuösen und deshalb verstoßenen Nachkommen sind da noch zwei weitere, nämlich die Kinder des Modelleisenbahners: eine mit beiden Beinen auf der Erde ihres grenzenlosen Egoismus stehende und mithin die Familientradition fortführende Tochter, die einen sadistischen, mit einem Revolver herumrennenden und einem Polizisten in den Stiefel pinkelnden Zahnarzt geheiratet hat, und ein habituell unter Tischen hockender hysterisierter Sohn, der sieben Jahre später, als eben der Kindheit entwachsener wilder Maler, mit einer Frau doppelten Alters zusammenlebt und in Armut, Schmutz und Drogen versinkt.

Was sich dergestalt zu einer genealogischen Abfolge systematisieren läßt, wird von Lobo Antunes allerdings keineswegs als eine solche präsentiert, sondern will Stück für Stück rekonstruiert sein. Aus den Perspektiven von insgesamt neun Figuren werden auf jene vier Septembertage grelle, aber bruchstückhafte Schlaglichter geworfen, die zunächst unverbunden nebeneinander stehen, sich nur an wenigen Stellen berühren oder gar überschneiden. Was sie vereint, das ist weniger die Geschichte, der nämlich das kardinale Kriterium von Geschichte – ihr Voranschreiten – vollkommen fehlt. Was sie vereint, das ist vielmehr der Furor einer auf brachiale Weise mitreißenden Erzählstimme, die bei aller Zersplitterung in die Figurenperspektiven diesen einzelnen Figuren doch nur höchst rudimentär – in unbedeutenden kleinen Ansprechgesten – so etwas wie Individualität gewährt. Einen ureigenen Ton hat das Buch als ganzes, aber keineswegs die einzelne Figur, und der Autor bleibt weit davon entfernt, das illusionäre und illusionistische Spiel einer naturalistischen Figurenrede mitzuspielen.

Überhaupt ist die Literatur, die António Lobo Antunes schreibt, wie alle große Literatur primär nicht auf Abbildung, sondern auf Wirkung angelegt, und eigentlich sollte der *Reigen der Verdammten* darüber auch keine Mißverständnisse aufkommen lassen, denn der Dissens zum Realismus, der darin allenthalben quillt, scheint unübersehbar. Eigentlich spricht in dieser Hinsicht Lobo Antunes' vollgültiger Erstling *Der Judaskuß* sogar eine noch deutlichere Sprache, doch die Sehnsucht nach der 1-zu-1-Ensprechung von Wort und Welt scheint tief zu sitzen: obwohl der lange, kunstvoll inszenierte innere Monolog, aus dem der *Judaskuß* besteht, als naturalistische Redewiedergabe vollkommen unrealistisch wäre, wurde er doch von vielen – auch professionellen – Lesern unwillkürlich als solcher aufgefaßt.

Wer den *Judaskuß* bewundert und vielleicht auch den zielgenauen Untergangstaumel in *Die Vögel kommen zurück*, der wird im *Reigen der Verdammten* möglicherweise das Klotzige, Monolithische jener beiden Bücher vermissen, die trotz der zersplitternden Vielfalt ihrer prallen Bilder jeweils wie aus einem Guß, wie in einem Atemzug geschrieben scheinen. In der Tat ist eine der Stärken dieses Autors die gravitationshafte Wucht, mit der er disparateste visuelle Erzählpartikel zu einem einzigen metallischen Block zusammenschweißen kann. Die perspektivische Auffächerung, die der *Reigen der Verdammten* einführt, wirkt dem aber nur scheinbar entgegen; bei näherem Hinsehen zeigt sich, daß die formalen Operationen der Zersplitterung und der Verschmelzung zwei Seiten derselben Medaille sind. Synthese und Zerfall fallen in eins, und das ästhetische Verfahren, mit dessen Hilfe sie es tun, ist das der Parataxe.

Parataktische, nebeneinanderstellende Strukturen bestimmen nicht nur die Kombination der Figurenperspektiven auf der Makroebene des Romans, sondern reichen bis in die Mikroebene der Sätze und Absätze: die Bildvorräte der Prosa werden aufgereiht, die Erinnerungen und Assoziationen der Figuren als Kaleidoskop vor uns ausgebreitet. Solche Parataxen münden in eine suggestive gegenseitige Durchdringung der Partikel, die gelegentlich kulminiert in grotesken Parallelisierungen – so beispielsweise, als der behandelnde Arzt gleichzeitig an den dahinsiechenden Alten und den in der nahen Arena kämpfenden Stier denkt: „Ich fühlte das Herz des Alten sanft an meinen Fingerspitzen schlagen wie eine kleine elastische Membran und sah, daß sie sogar Angst hatten, ihm die Nägel zu schneiden, Angst davor, den Stier zu berühren trotz des Preises, den die Stadt dem in Aussicht stellte, der ihn in der Arena packen würde, Angst vor einem Mann und einem Tier, die sie umzubringen sich anschickten, indem sie, als ich einen Gummischlauch aus dem Köfferchen holte, um ihm den Arm abzubinden und die Vene zu finden, von außerhalb der Arena eines der Hörner mit einer Schlinge packten und den Stier zu den Schutzwällen zerrten, um ihm auch das andere Horn mit einem Seil zu umschlingen, einem Tier, das schon mindestens zehn oder fünfzehnmal gekämpft hatte, das mit offenem Pyjama dalag und hin und wieder in unregelmäßigen, tiefen Atemzügen, die einem Windhauch glichen, Luft holte [...]."

Wo alles zerfällt, ist auch alles synthetisierbar, und dieser formalen Dialektik entspricht die Paradoxie in der Figurenwahrnehmung: sie alle, seien sie nun Mitglieder der Familie oder nicht, sind in unterschiedlichem Grade der Hysterie verfallen, der Hysterie derjenigen, denen alles zu entgleiten droht – und doch ist diese Hysterie gepaart mit einer grenzenlosen Gleichgültigkeit, die alles Handeln – selbst das eigene – starrenden Auges erlebt und nichts wirklich erleidet. Diese hysterische Gleichgültigkeit gipfelt in der Aufspaltung einer der Figuren – des Zahnarztes, der den Reigen eröffnet – in zwei Persönlichkeitsaspekte: in ein Ich und ein Er, zwischen denen die Prosa selbst innerhalb eines einzigen Satzes hin- und heroszillieren kann; in einen (eher passiv und lethargisch denn aktiv und zielstrebig) handelnden Edward G. Robinson (einmal auch Gene Kelly geheißen) und einen vornehmlich registrierenden Nuno. Im Gegenzug wird das drittletzte Unterkapitel (das, wie alle Unterkapitel des letzten Großkapitels, nur mit „Kapitel" überschrieben und nicht numeriert ist: im völlig inkonsistenten Ordnungssystem des Romans spiegelt sich der Zerfall als Grundtopos) aus einer synthetischen Figurenperspektive dargeboten, die aus Teilaspekten mindestens dreier ansonsten voneinander geschiedener Figuren montiert wurde. Die Individuen lösen sich vollends auf und sind frei kombinierbar zu einem Clan-Typus, einer morbiden Studie in Niedertracht, einem wahnwitzigen Sprachmonstrum aus inzestuöser Gewalttätigkeit.

António Lobo Antunes hat mit dem *Reigen der Verdammten* ein Buch geschrieben, das verstört, weil es Kategorien sprengt. Der Roman verfügt über alle Merkmale der erzählerischen Rasanz, der überquellenden Bildkraft, des unbändigen Sprachtemperaments, die dem Kritiker üblicherweise das Wort vom prallen Leben in den Mund legen, das darin herrsche; freilich beharrt diese Prosa gleichzeitig darauf, daß das Leben verfällt, wenn es sich nicht sogar schon lange aus dem Staub gemacht hat: „Das hier ist ein Irrenhaus"; „Die Abwasserrohre geiferten über den Schlick des Flusses"; „Der Pater, den blutrünstige Flötisten bedrohten, segnete das Massaker vom Portal der Kirche aus." Der Stoff, den wir in den Händen halten, ist prall, doch er ist leblos. Auf ein solches Buch kann auch der Leser nur mit einem Paradoxon reagieren – etwa, indem er den vormaligen Autisten unter dem Tisch zitiert: „Weißt du, Scheiße, ich mag dich."

Die Rückkehr der Karavellen
(*As Naus*, 1988)

Vielleicht wäre es gar nicht abwegig, die vielen Figuren in den Romanen des Portugiesen António Lobo Antunes danach einzuteilen, ob sie durchs Trinken die „Schubladen der Erinnerung" endgültig schließen oder im Gegenteil immer wieder aufziehen wollen. Das Personal des Romans *Die Rückkehr der Karavellen* gehört eindeutig der zweiten Kategorie an. In ihren Köpfen wirkt Alkohol „wie Fotoentwickler", der immer neue Bilder heraufbeschwört, „aus der Dunkelheit exhumierte Trugbilder der Vergangenheit". Freilich hat es mit der chemischen Zusammensetzung dieses „Fotoentwicklers" etwas Verwirrendes auf sich: alle Bilder, die vor dem Leser dieses Romans ausgeschüttet werden, sind doppelbelichtet. Nicht eindeutig zu beantworten ist deshalb die Frage, die eine der Figuren einmal hinausbrüllt: „In welchem Jahrhundert, glauben Sie, leben wir denn?"

Die Gestalten, mit denen *Die Rückkehr der Karavellen* bevölkert ist, leben in allen Jahrhunderten, die Portugal je erlebt hat. Die Karavellen des Titels sind „Welteroberungskaravellen", sind jene Schiffe, mit denen legendäre Seefahrer einst aufbrachen, um neue Welten in Afrika, Südamerika und Asien zu entdecken. Jetzt kehren diese Karavellen heim und ankern im Tejo, „von irakischen Tankern umlagert". Heinrich der Seefahrer und die moderne Kriminalpolizei tun sich zusammen, „um zugleich den Haschischschmuggel und die Manöver der flämischen Bukaniere zu überwachen." Auf den Straßen der portugiesischen Hauptstadt (für die Lobo Antunes die respektlose Schreibweise „Lixboa" erfunden hat, worin die Vokabel *lixo* = „Mist" enthalten ist) tummeln sich gleichzeitig Autos und Pferdedroschken. In den Cafés wird über eine Reproduktion der *Guernica* diskutiert, aber auch der Schlachtplan für Trafalgar entworfen. Viele der Menschen auf den Straßen tragen „die bizarren Kleider eines beendeten Karnevals"; ein „uraltes Seefahrerliebchen", ein „hundertjähriger Jüngling" und eine „unbekannte Greisin, der die Pubertät noch bevorstand", streunen zwischen Elendsquartieren und Bordellen herum. Wer einen Plattenspieler hat, legt alte Seemannslieder auf, „um die Säuernis der abgesetzten Vizekönige zu lindern", und wer diesen Liedern lauscht, versinkt „in Gedanken an unmögliche Breitengrade".

Faktisch unmöglich sind die Begegnungen, die Lobo Antunes montierend herstellt, doch die Ausgangssituation seines Romans ist keineswegs fiktiv. Es geht um die Abertausende von „Rückkehrern" aus den ehemaligen Kolonien, die 1974 auf überfüllten Schiffen und in überbuchten Flugzeugen nach Portugal flohen. Viele waren Jahrzehnte in Afrika oder Asien gewesen, andere sogar dort geboren – und das „Mutterland" nahm sie keineswegs mit offenen Armen auf, hatte größte Mühe, dieses „Getümmel von Emigranten auf Urlaub" in eiligst geräumte Hotels, Pflegeheime und Notunterkünfte abzuschieben.

Das Chaos einer historisch verbürgten Situation nutzt Lobo Antunes nun, um grammatisch, perspektivisch und chronologisch gleich noch mehr Chaos anzurichten und daraus ästhetischen Gewinn zu ziehen. Die Pronomina der Figuren oszillieren zwischen Ich und Er und Du, die Tempora dieser Prosa zwischen Präsens und Präteritum, und hinzu kommen aufs Unwahrscheinlichste zusammenmontierte Geschehnisse bis hin zu den „Nachrichten über die Streiks der Schweizer Uhrmacher, päpstliche Mondlandungen" und so weiter. Freilich hat das alles durchaus Methode, auch der Wahnsinn, der darin steckt.

Wahnsinn mag es sein, wenn eine Figur sich als Federico García Lorca und den Partner als Lúis Buñuel vorstellt, Wahnsinn womöglich auch, wenn einer der Rückkehrer aus Übersee behauptet, „er habe vor dreihundert oder vierhundert oder fünfhundert Jahren die Karavellen des Infanten entlang der Küste Afrikas befehligt." Was aber, wenn dieser Rückkehrer Diogo Cao heißt wie jener historische Seefahrer, der den Kongo erforschte? Was, wenn ein heruntergekommener Schuster nicht nur Vasco da Gama heißt, sondern wirklich (in der „Wirklichkeit" dieses Romans) mit dem Entdecker Indiens identisch ist? Mit den „Wiederauferstandenen, die die Dunkelheit von Lixboa bevölkern", ist es António Lobo Antunes auf konsequente Weise gelungen, die vielen losen Enden der (mythisch überhöhten) portugiesischen Entdeckungs- und Kolonialgeschichte zu verknüpfen und zu verknäulen, bis alle Verstrickungen unentwirrbar geworden sind. In gewissem Sinne *sind* ja die desillusionierten Gestalten, die aus dem zerfallenden Kolonialreich „heimkehrten", die logische Konsequenz jener Seeleute, die vor fünfhundert Jahren lossegelten und irgendwo in der Ferne hängenblieben; warum sollen sie also nicht deren Namen tragen? Mit den Mitteln der virtuos beherrschten Erzählprosa läßt Lobo Antunes zeit- und raumübergreifend ein kaleidoskopisches Kollektivbild der Kolonialerfahrung erstehen – ein Kollektivbild wohlgemerkt, das ausschließlich aus individuellen Geschichten montiert ist.

Mit der „visionären Dummheit von Helden" sind bärtige Männer ausgezogen; mit der „pingeligen Genauigkeit des Heimwehs" als einziger Beute kehren ihre Wiedergänger zurück und fangen an, irgendwelchen Tand zu sammeln, „um sich selber die Vergangenheit zu erfinden". Vasco da Gama spielt „Schiffeversenken" und gewinnt, weil er schummelt. Am Ende läßt Lobo Antunes sein Personal am Strand antreten in Erwartung des mythisch verklärten Königs Sebastian, der der Sage nach aus dem Meer heimkehren soll. Aber sie sehen „nichts als den Ozean". Sebastian wurde in Marokko erstochen, „weil er der englischen Schwuchtel Oscar Wilde ein Säckchen Marihuana geklaut hatte." Das Meer als Garant der ewigen Jugend? In diesem Roman wird dies Bild ersetzt durch den „Urin inkontinenter betrunkener Greise". Die am häufigsten geschilderte Körperfunktion ist in der Tat die des Wasserlassens; dem Seefahrer bleibt am Ende bloß die schmerzhafte Aufgabe, „durch seinen Harnleiter Unrat auszuscheiden". Hält er an seinen Erinnerungen fest, so endet er im Irrenhaus; will er vergessen, bleibt ihm nur der kleine Tod im Bordell.

Die Frau eines der wenigen Männer, die keinen historischen Namen tragen, kommt nach 53 Jahren in Afrika zu dem Schluß: „Ich gehöre nicht mehr hierher." Ihr Mann entgegnet: „Wir gehören uns nicht einmal selber mehr"; und dann: „Wir gehören jetzt nirgendwohin". Sodann geben diese beiden „die Gewohnheit, miteinander zu sprechen, ganz auf". Was hier stattfindet, ist die Erfahrung einer tiefgreifenden Desorientierung, und eine solche Erfahrung machen wir auch als Leser dieses Romans, weil wir nie wissen können, wo wir uns gerade befinden mögen. Dadurch, daß Lobo Antunes Details aus diversesten Kontexten virtuos miteinander verrührt, bewirkt seine üppige Bilderwelt mehr denn je ein unaufhörliches Flimmern.

Dieses Flimmern ist um so verwirrender für den nichtportugiesischen Leser, und das ist womöglich ein Problem. Praktisch jeder Satz des Romans enthält präzise, aber sehr stark partikularisierte Anspielungen auf Details aus der portugiesischen Geschichte, ihrer mythischen Überhöhung oder ihrer literarischen Verarbeitung (etwa in den *Lusiaden* des Camoes). Die deutsche Ausgabe versucht, dem mit einem historischen Nachwort und einem ausführlichen Glossar zu begegnen, doch das reicht nicht hin, um das Dickicht wirklich zu durchdringen: für den nicht fachkundigen Leser hierzulande muß *Die Rückkehr der Karavellen* Lobo Antunes' unzugänglichster Roman bleiben. Ein bißchen entschädigen dafür mag freilich, daß sich Lobo Antunes in diesem Buch unverhofft als Meister auch eines grotesken Witzes offenbart. Die sonst von ihm gewohnte bedrückende, betont melancholische Grundstimmung tritt zurück hinter eine artistische Leichtigkeit – durchaus eine schöne Entdeckung.

Die Leidenschaften der Seele
(*Tratado das Paixões da Alma*, 1990)

Befriedigung finden die Figuren von António Lobo Antunes nicht. Mag in ihrem Blick auch ein Rest jener „Versprechung multipler Ekstasen, feuchter Bettücher und in der Ebbe der Kissen in alle vier Himmelsrichtungen ausgestreckter Körper" durchschimmern – beim Durchstöbern der „Regale ihrer Erinnerung" finden sie an Versprechungen nur gebrochene. Auf jeder Seite ist der Roman *Die Leidenschaften der Seele* bevölkert mit Nebenfiguren, die in ihrer ganzen Existenz die Alpträume der Protagonisten auf den Punkt bringen: „Da war die Mulattin aus Sao Tomé, die sich in Stacheldraht einwickelte, um den Haien ihrer Kindheit zu entkommen, und da war die Frau, deren linkes Auge mit groben Knoten aus Sackleinen in der Augenhöhle eingenäht war; sie bewegte sich mit den Handgelenken dicht am Boden wie ein Gorilla, um einen Meter Mais und dreißig Zentimeter Sellerie anzubauen, war muskulös, dunkel und riesig, hatte Fesseln so dick wie Oberschenkel und lebte in einem Trümmerhaufen ohne Fenster und Fensterläden, in dem sich nur das Loch der Tür halb öffnete zu einem verworrenen Halbschatten, der von einer mit der Schere ausgeschnittenen Heiligenfigur aus Pappe regiert wurde, und zu einem Bett mit sandbestreuten Kugeln auf den Pfosten, das im Gras zwischen Eidechsen und Kröten versank, überwuchert von den spiralförmigen Ranken einer wilden Kletterpflanze."

Überwuchert von den Ranken der Vergangenheit wird in *Die Leidenschaften der Seele* ein Gerüst, das vornehmlich aus dem Dialog besteht, den ein verhörender Ermittlungsrichter (auch „Euerehren" genannt) mit einem Terroristen (immer neutral „der Mann" geheißen) führt; andere Stimmen, die sich gelegentlich einmischen, sind der Stenotypist und der „Herr" (der Chef einer Polizei-Sondereinheit, der den Staatssekretär hinter sich weiß) und vor allem immer wieder die quälenden der Vergangenheit. Diese Vergangenheit teilen sich der Richter und der Mann in größerem Maße, als ihnen lieb ist: sie sind zusammen aufgewachsen, auf einem damals noch reichen Anwesen vor den Toren Lissabons. Dem Großvater des Terroristen, einem Architekten, gehörte dieses Anwesen; der Richter hingegen ist ein sozialer Aufsteiger: sein Vater, der sich dadurch auszeichnete, daß ihm jahrelang „das Hirn in der wäßrigen Vorhölle des Rotweins schwappte", war auf dem Gutshof Hausmeister.

Von Staats wegen hält man es für eine besonders geschickte Strategie, den Richter auf seinen Jugendfreund anzusetzen, um diesen dazu zu bewegen, seine Gesinnungsgenossen in eine Falle zu locken und zu verraten; im

Gegenzug gibt's Versprechungen auf eine goldene Zukunft für beide. Die Rechnung geht auf, alle Terroristen werden geschnappt – daß Versprechungen stets gebrochen werden, hatten wir freilich schon gehört, und so ist der einzige Lohn für den Verrat ein Erschießungskommando: Zeugen für illegale Aktionen darf es nicht geben.

Man verrät keineswegs zuviel, wenn man dieses wenig erbauliche Ende des Romans – oder sagen wir besser: seiner äußeren Handlung – vorwegnimmt, denn schon in der Mitte des Buches läßt der Herr in einem ihm zugebilligten Monolog an diesem Ende keinen Zweifel, und Lobo Antunes wäre nicht Lobo Antunes, ließe er nicht auch in diesem Roman am Ende das Unvermeidliche eintreten, auf das von Anfang an der ganze Taumel zielsicher zusteuert. Die Spannung in seinen Romanen liegt ganz woanders: sie liegt in der sprachlichen Verve, mit der der Autor ebenso kurzatmig wie präzis all das festhält, was von der sogenannten Handlung an Erinnerungsbildern und Alptraumszenen und vielfältigsten Weltfragmenten mitgerissen wird. Das Imaginations- und Sprachvermögen von António Lobo Antunes steht im umgekehrten Verhältnis zur Ohnmacht seiner Figuren, und das ist kein Zufall: die Obsession, sich den traumatisch brandenden Bilderfluten stellen und diese in Sprache umsetzen zu müssen, *ist* eben die Ohnmacht des Bewußtseins und das Bewußtsein von der Ohnmacht zugleich, ist Gegenwehr, die objektiv nichts nützt. Ausflucht wäre es, *nicht* zu sehen und die Bilder *nicht* beim Namen zu nennen, aber eben diese letzte Ausflucht ist dem wahrhaft ohnmächtig Träumenden versagt. So gewinnt Lobo Antunes erst aus der Anerkenntnis der Fatalitäten heraus seine beinahe unvergleichliche Kraft, seine Prosa bis zum Überlaufen mit Details anzufüllen und zu jedem Detail, einem Stück Hausrat beispielsweise, eine Geschichte aus der Vergangenheit mindestens einer der Figuren zu wissen, in der dieses Detail traumatische Bedeutung erlangt.

Was bei dieser rasanten Beschreibungswut fast nie beim Namen genannt wird, das sind die Hauptfiguren selber. Der Herr ist der Herr, der Richter der Richter, und die Terroristen heißen einfach Student, Künstler, Priester, Mann. Nur aus Andeutungen und referierten Gesprächen kann der Leser den Namen des „Mannes" rekonstruieren, und der lautet seltsamerweise António Antunes. Die sich aufdrängende Frage, was das zu bedeuten hat, erlaubt freilich keine schlüssige Antwort, und dies auch dann nicht, wenn wir bemerken, daß das Alter des Terroristen Antunes mit dem seines Autors Lobo Antunes (er wurde 1942 geboren) offenbar übereinstimmt. Antunes' Gegenspieler, der Richter, heißt Zé, und vielleicht führt uns das weiter: von A bis Z schließt sich der Reigen der Bilder, die hier aufscheinen, vom

Uranfang bis zum letzten Ende; um eine Totalität geht es António Lobo Antunes in diesem Roman, eine Totalität in Ausschnitten natürlich, die über die zersplitterte und zersplitternde Welt freilich mehr aussagen mag als eine ganze Enzyklopädie.

Von A bis Z durchalphabetisiert waren schon die 26 Kapitel von Lobo Antunes' *Judaskuß*, und nicht nur deshalb drängt sich ein Vergleich von *Die Leidenschaften der Seele* mit den früheren Romanen auf. *Der Judaskuß* und auch *Die Vögel kehren zurück* sind direkter, kompakter, vielleicht auch mitreißender, eben weil diese beiden Romane jeweils aus einem einzigen langen Monolog entstehen, in dem zwar ebenfalls eine Unzahl disparatester Weltrelikte mitschwimmen, die aber alle in der einen Stimme des Sprechenden vereinigt sind und vom stetig sich beschleunigten Zurasen auf das schwarze Loch des Endes nie ablenken können. Ähnliches gilt auch noch für den *Reigen der Verdammten*, weil Lobo Antunes dort zwar schon eine Vielzahl von Stimmen zu Wort kommen läßt, diese Stimmen aber ja wiederum zu einer Art Gesamtstimme verschweißt, deren erzählerischer Furor sich nicht brechen läßt. *Die Leidenschaften der Seele* ist demhingegen ein mehrperspektivischer Roman im vollgültigen Sinne: einer Vielzahl von Figuren – auch ausgesprochenen Nebengestalten – werden in den einzelnen Kapiteln Monologe und Dialoge gestattet, die erratisch neben dem Hauptgespräch von Richter und Terrorist liegen bleiben; die Bewußtseinsinhalte verschiedener Figuren – und dementsprechend verschiedener Kapitel – sind hermetisch gegeneinander abgeschlossen (selbst dann, wenn Lobo Antunes sie auf mitunter etwas mechanistisch scheinende Weise ineinander montiert), so daß zumindest zeitweise mehrere Erzählstränge nebeneinander herlaufen. Bei den Zerdehnungs- und Umlenkprozessen, die deshalb in der Prosa des Romans stattfinden, kann es nicht ausbleiben, daß dieses Buch weit weniger aus einem Guß daherkommt als die Vorgänger und auch die Rasanz der sprachlichen Abläufe sehr zurückgenommen scheint. Fast will es einem so vorkommen, als habe António Lobo Antunes, der einmal sagte, er schreibe Romane, weil er nicht anders könne, und nicht, weil er etwas Neues machen wolle, mit *Die Leidenschaften der Seele* dann doch versucht, seiner Prosa durch emsigeren erzähltechnischen Gerüstbau neue Formen zu erschließen. Wenn es so ist, so hat das die Komplexität des Textes sicherlich gesteigert – die Suggestivität allerdings weniger.

Am suggestivsten wirken auch in *Die Leidenschaften der Seele* jene Kapitel, in denen António Lobo Antunes den dialogischen Grundaufbau zurücknimmt und einzelne Figuren – meist sind es die sogenannten Nebenfiguren – ungehemmt monologisieren läßt: in einem furiosen, die Melancholie freilich nie ganz verleugnenden Bildfächer aus Sprache. Sprache und (immer subjektive) Realität fallen hier beinahe unmittelbar in eins, und behelfsmäßig objektivierende Gerüste wie Handlungs- oder Figurenführung werden plötzlich zu fernen Gerüchten ohne große Bedeutung.

Die natürliche Ordnung der Dinge
(*A Ordem Natural das Coisas*, 1992)

Die natürliche Ordnung der Dinge? Die kann, sind wir zu sagen versucht, doch immer nur eine Unordnung sein; Ordnung als solche ist grundsätzlich Unnatur, ist die Illusion, dem Chaos ließe sich eine kohärente Struktur aufzwingen. Eben diesen möglichen Einwand gegen den Titel seines Romans *Die natürliche Ordnung der Dinge* nimmt António Lobo Antunes freilich ernster, als es der erste Blick vermuten läßt. Zwar ist der Roman in fünf „Bücher" eingeteilt, die ihrerseits abwechselnd aus sieben und aus vier Abschnitten bestehen; zwar gibt jedes Buch genau zwei Figuren das Wort, die sich in alternierendem Monologisieren die Abschnitte teilen – doch derlei Symmetrie des Romanaufbaus will sich keineswegs als Ordnung verstanden wissen, gibt sich vielmehr rasch als äußerlicher Sortiermechanismus zu erkennen und wird von dem inhaltlichen Chaos, in das die Monologe uns mit Verve hineinreißen, hinweggewirbelt.

Ein alternder Mann redet auf Iolanda ein, seine schlafende Geliebte – oder besser: er „redet" auf sie ein; als naturalistische Rede wäre die eruptive Erinnerungsevokation, die diese Figur wie auch alle anderen betreibt, nämlich weit unter Wert gehandelt. Ein ehemaliger Geheimpolizist, der Fernkurse für Hypnose verkauft, überschüttet einen „Schriftstellerfreund", in dessen Auftrag er jemanden bespitzeln soll, mit irrelevanten Wortschwällen. Ein früherer Bergmann träumt „ohne Sehnsucht, ohne schlechtes Gewissen" von seinen jungen Jahren in Afrika und hackt das Straßenpflaster auf, um wieder „unter der Erde zu fliegen"; seine hypochondrische Schwester erinnert sich des Wanderkinos, dessen Betreiber ihr einst die Unschuld nahm. Ein vor Jahrzehnten wegen einer Verschwörung gegen das Salazar-Regime verurteilter und in der Haft ums Leben gekommener Major erzählt seiner Geliebten von einst immer wieder das Geschehene und beteuert, nie Sozialist gewesen zu sein („ich mag nicht einmal die Armen, sie altern so schnell"); sein Bruder Fernando, im Leben gescheitert, stochert in „einem Dunst von Worten, die es nicht mehr gibt". Iolanda schildert ihrer Freundin Ana die Isolierung, die sie ihrer Zuckerkrankheit wegen durchlebt; Iolandas Schulfreund Alfredo sucht die Nacht hinwegzureden und fragt: „was machen die anderen nur, um das Leben zu ertragen?"

Um das Leben zu ertragen, es zu überleben, wird geredet, stumm geredet, und zwar in Sturzbächen aus Sprache, bis zum Überlaufen angefüllt mit „Überfällen der Erinnerung", mit erdig-farbigen Bildern und schwül-schillernden Assoziationen und dem „nutzlosen Zorn der Toten". Lobo Antunes' Schreibweise, die am besten ist, wo sie sich auf rasant gereihte Parataxen einläßt, wo flimmernde Bilderfluten sich ungezügelt Bahn brechen, braucht ganz einfach monologische Erzählansätze, und so verbindet sich in *Die natürliche Ordnung der Dinge* wiederum die monolithische Wucht von *Der Judaskuß* mit der auffächernden Multiperspektivik des *Reigens der Verdammten*. Das Monologische funktioniert aber nur, weil nicht eigentlich eine Handlung abgespult wird, sondern der Redeschwall selbst Handlung ist. Das, was die einzelnen Figuren erzählen, ergibt in keinem einzigen Fall eine gerade Linie, ist vielmehr ein beständiges assoziatives Springen zwischen isolierten vergangenen Geschehnissen und gegenwärtigem Erleben. Zudem können wir uns nie sicher sein, was Beschreibung ist und was Erfindung, was Erinnerung und was Wunschprojektion: an den wenigen Stellen, an denen Details aus dem Monolog der einen Figur in dem einer anderen wiederkehren, ergeben die verschiedenen Perspektiven nämlich keineswegs ein homogenes Bild, widersprechen sich manchmal sogar offen.

Ist schon die Logik des Einzelmonologs die des assoziativen Springens, so bleiben die Zusammenhänge zwischen den Monologen vielfach ganz ausgespart. So wie eine am Ende unerwartet auftauchende weitere Figur haben auch wir als Leser meist „das Gefühl, in einen Kinosaal zu kommen, in dem der Film schon angefangen hatte". Erst sehr allmählich erkennen wir wenigstens punktuelle Zusammenhänge, vor allem über die Figur des Alten, der im Anfangsmonolog das stumme Wort an seine abweisende Geliebte richtet: er ist derjenige, über den der Ex-Geheimdienstler Informationen beschaffen soll, und für den durchgedrehten Grubenarbeiter ist er „der Blödmann, der unsere Rechnung beim Krämer bezahlt, der uns die Miete bezahlt"; er ist für Iolanda „der, der bei mir schläft", und nur für ihre Tante und für Alfredo der, der „mit" ihr schläft; er taucht dann auch in den Monologen des Majors und Fernandos auf als ihr „Neffe, der, der in Guarda geboren wurde, der in Ericeira gewohnt hat", und er ist der, der nicht weiß, wer seine Mutter ist oder war. Daß die Frage nach der Mutter mit den Schritten zu tun haben muß, die er in einem der Häuser, in denen er aufwuchs, immer vom Dachboden hörte, wird uns sehr schnell klar; erst nach und nach aber können wir durch den Dunst der Monologe aus der Vergangenheit genauer das Geheimnis entschlüsseln, das die Tragödie, die sich vor vielen Jahrzehnten in der großbürgerlichen Sippschaft der Valadas zugetragen hat, umschließt.

Als Hauptleidtragende tritt uns im allerletzten Buch des Romans die vergessene Schwester Julieta entgegen, die als uneheliches Kind ihr Leben lang weggesperrt war und, als sie dennoch selbst ein uneheliches Kind gebar, von diesem getrennt wurde. Für sie ist „der Strand eine Erfindung der Fotos" und das Meer das Gewächs, das ihr einst im Leibe wuchs.

Und dann sind da noch, sich abwechselnd mit den Monologen Julietas, diejenigen einer Nachbarin der Valadas, krebskrank im letzten Stadium und mit dem Wuchern der Krankheit ein Bild für das zerstörerische Wachstum dieser Prosa bietend. Sie taucht für uns gänzlich unverhofft auf, fängt plötzlich an, die Figuren, die wir zuvor kennengelernt und behelfsmäßig sortiert haben, wie Marionetten zu verschieben und umzudefinieren, und kommt schließlich auf die Titelformulierung des Romans, den wir lesen, zu sprechen, und zwar auf eine Weise, die all das, was sich uns mühsam geklärt hat, wieder mit neuen Schleiern verhängt: „mit mir werden die Personen dieses Buches sterben, das man einen Roman nennen wird, den ich in meinem von einer Angst, über die ich nicht rede, bevölkerten Kopf geschrieben habe und den, der natürlichen Ordnung der Dinge entsprechend, jemand in irgendeinem Jahr für mich noch einmal schreiben wird, so wie Benfica sich in diesen Straßen und Gebäuden ohne Schicksal wiederholen wird [...]."

Wenn es uns in einem Roman um eine kohärente Fabel, um eine zusammenhängende Geschichte, um das, was gemeinhin Inhalt heißt, geht, so stehen wir als Leser am Ende mit Händen da, die leerer sind als zu Beginn. Aber das hieße eben auch, nach einer falschen Ordnung der Dinge zu verlangen. Der Stoff, aus dem die Romane António Lobo Antunes' sind, steckt nicht hinter der Sprache, sondern besteht aus dieser Sprache selbst – einer Sprache, die Unruhe schafft und gleichzeitig eine seltsam aufgekratzte Melancholie, einer Sprache, die die latente Gewalt und die manifeste Ohnmacht jener Welt, um die es wirklich geht, nicht eigentlich beschreibt, sondern darstellt. Die Rede ist gar nicht von Dingen, die Rede ist nur vom Selbst, vom Selbst der Sprache, von „einem Hier, das es nicht gibt", und davon, „daß die Schatten und das Fremde in uns leben und nicht in den Dingen". *Die natürliche Ordnung der Dinge* ist eine grandiose sprachliche Evokation dieser Schattenwelt jenseits aller Ordnungen.

Der Tod des Carlos Gardel
(A Morte de Carlos Gardel, 1994)

Wer tot ist, ist tot, oder? Tot ist Carlos Gardel, der Altmeister des Tango, der bei einem Flugzeugabsturz ums Leben kam. In António Lobo Antunes' Roman *Der Tod des Carlos Gardel* freilich wird er wieder lebendig – als Sterbender. Nur wer sterblich ist, beweist, daß er noch am Leben ist. Der glühende Gardel-Bewunderer Alvaro ist jemand, „der zwischen seinen blöden Tangos hustet und damit anzeigt, daß er noch lebt"; sein Sohn Nuno, der drogenabhängig an Hepatitis B erkrankt ist und im Koma liegt, beteuert bis zum letzten Moment: „ich werde nicht sterben, ich werde ganz bestimmt nicht sterben". Und auch der große Gardel höchstselbst muß noch am Leben sein, denn er stirbt postum unendlich viele Tode.

Gardel stirbt jedesmal, wenn jemand eine seiner Platten auflegt, „eine Klage, die mich auf eine Insel der Traurigkeit verschlug", wie eine von Lobo Antunes' vielen Nebenfiguren bemerkt. Alvaro nervt seine erste Frau Claudia mit seiner Schwärmerei: „Wenn ich so einen Schrei ausstoßen könnte, wäre ich glücklich [...] Es ist so, als würde man bei jeder Note sterben, nicht wahr?" Claudia ist da anderer Meinung und beschert Alvaro deswegen einen außermusikalischen Tod auf Raten. Irgendwann zertrümmert sie alle Gardel-Platten: „Ich ertrage keine Tangos mehr, ich werde die Scheidung einreichen". Doch auch Claudia wird von Gardels vielen Todesarten eingeholt; ihr junger Geliebter Ricardo begeistert sich ausgerechnet für den Tango-Altmeister („Laß es an, das ist geil, mach das nicht aus"), weswegen Claudia regelrecht ausflippt. Am Ende verschwindet sie ohne Abschied in die Heimat ihrer Kindheit, nach Deutschland.

Es gibt viele verschiedene Tode in diesem melancholischen Roman von Lobo Antunes, vorläufige Tode, schleichende Tode und auch endgültige Tode. Die Figuren sterben an der einen oder anderen Sucht, an Thrombosen, Herzleiden, Zuckerkrankheit. Und immer an der Liebe, die sie nicht bekommen. Eine der Figuren erinnert sich an ihre Familie, in der „niemals jemand jemanden brauchte, niemals jemand jemanden rief", und doch brauchen die Figuren alle etwas und bekommen es nie. Eine senile Nebenfigur hat aus ihrer Vergangenheit keinen einzigen Menschen im Gedächtnis behalten, sondern bloß die „redenden Oleanderbüsche". Eine weitere Figur flüchtet sich in Posen der Gefühllosigkeit: „Jemand anderen zu mögen ist das beste Rezept, um in Schwierigkeiten zu geraten [...] Möge mich Gott davor bewahren jemanden zu mögen".

Aber wenn die Figuren ostentativ bekennen, jemanden nicht zu lieben, ist das das sicherste Indiz für ihr eigenes Leiden an der Lieblosigkeit. Nuno, der Heroinsüchtige in spe, ist das beste Beispiel. Zu seinem Vater sagt er: „Ich mag meine Mutter, dich mag ich nicht". Anderswo fällt ihm freilich zur Mutter ein: „„wünschte mir, sie zu hassen und hatte nicht die Kraft, sie zu hassen". Dahinter steckt der größte Schmerz von allen, der Schmerz des ignorierten Kindes („Ihr liebt mich nicht"), und noch im Koma versucht Nuno, sich die Liebe des Vaters herbeizuphantasieren.

Lobo Antunes' Figuren ertragen Tod und Einsamkeit nicht und ketten sich vorzugsweise an jüngere Geliebte, um länger zu leben. Ironischerweise werden sie um so schonungsloser auf den eigenen Verfall zurückgeworfen. Alvaro spricht zu uns „aus dem Innern des Leidens, aus dem Innern des Todes" und verliert nach dem Tod des Sohnes sogar ein Weilchen das Interesse an den Platten von Carlos Gardel. Und doch ist Alvaro am Ende der einzige, der den ewigen Reigen aus Liebesmangel und Jagd nach der Jugend durchbricht: er ist es, der seine zweite, jüngere Frau verläßt, und er tut sich keineswegs mit einer noch jüngeren zusammen, sondern mit einem alternden Tangotänzer. Den hält er für sein auferstandenes Idol: „Der große Carlos Gardel lebt [...] Er imitiert ihn überhaupt nicht [...], er ist der große Carlos Cardel persönlich". Alvaro verabschiedet sich nicht vom Leben, sondern von der Realität, und ihn kümmert es nicht mehr, wenn die anderen lästern: „was für ein verdammter Tod, wenn man noch lebt".

Menschen sterben sterben sterben, sie tun es alle, und doch tut es jeder von ihnen allein. António Lobo Antunes trägt dem im Bau seiner Romanprosa Rechnung: zwar ist auch *Der Tod des Carlos Gardel* wie die meisten Romane des Portugiesen aus einem vielstimmigen Chor von Stimmen gebaut, aber es sind grundsätzlich alles Einzelstimmen. Sie reden nicht miteinander, sondern aneinander vorbei; wir lesen keine Dialoge, sondern ausnahmslos Monologe. Fünf Haupt- und neun Nebenmonologe sind es in diesem Buch, alle von Lobo Antunes auf eine raffinierte Weise ineinander montiert, die bestenfalls ein Neben-, wenn nicht ein Gegeneinander entstehen läßt. Außer dem Autor und uns Lesern weiß niemand wirklich etwas von jemand anderem, weil alle Figuren sich gegeneinander abschotten, selbst in ihrem Liebesverlangen. Die Lebensgefährtin von Alvaros lesbischer Schwester etwa will zwar zu ihrer Mutter sagen: „Ich mag dich" – was sie herausbringt, ist aber nur: „So wie du aussiehst, machst du es keine sechs Monate mehr".

Der sogenannte kleine Tod, der Beischlaf, ist gerade keine Ausnahme. Während der verheiratete Helder mit Alvaros Exfrau Claudia im Bett liegt,

geht ihm nur eine Frage durch den Kopf: „Wie komm ich da wieder raus?"
Claudia hingegen kennt bloß einen Wunsch an ihn: „Hör nicht auf". Alle
Figuren dieses Buches haben etwas, von dem sie wollen, daß es nicht
aufhört; alle wünschen sie sich, ihr versehrtes Leben möge nicht zu Ende
gehen. Oder es möge wieder neu anfangen. Als der Koma-Patient gestorben
ist, sieht Alvaros zweite Frau „alle guten Voraussetzungen dafür gegeben,
das Leben noch einmal neu anzufangen und glücklich zu sein, jetzt, wo wir
nach Nunos Tod alle Zeit für uns haben". Was für ein Trugschluß!

Auf Makro- und auf Mikroebene, im Bau des ganzen Buches, der einzelnen Kapitel und sogar der Satzgrammatik kultiviert António Lobo Antunes eine Kunst der Unterbrechung und der Wiederholung. Jeder Ansatz zu fortschreitender Entwicklung wird sabotiert von Einschüben, Verzögerungen und Rückkopplungen. Es ist, als sollte der Tango, der hier gespielt und gesungen wird, nie zu Ende gehen – und eben in dieser Hinsicht entspricht die Textstruktur konsequent den Handlungsmotiven und Gedankenbewegungen der Figuren, die sich mit all ihrer müden Kraft dagegen stemmen, daß ihr Leben nur in eine einzige Richtung läuft, auf den Tod zu.

Das ist das Paradoxon der Prosakunst von Lobo Antunes: er schafft in der Linearität geschriebener Sprache ein Gefühl von Simultanität, ein Gefühl der Gleichzeitigkeit von Gewesenem und Zukünftigem, und markiert diese Simultanität gleichzeitig als unerfüllbare Sehnsucht. So viele Stimmen auch auf uns einsingen: wir können immer nur eine einzige zur Zeit verfolgen, eine Tangostimme, „die schmerzte wie ein Messer, das eine Furche zwischen Sehnen und Muskeln schneidet". So sehr wir uns auch mühen, die Plattennadel aufzuhalten: wir zerkratzen die Rillen des Lebens erfolglos, können nicht verhindern, daß jede Schallplatte irgendwann abgespielt ist. „Und wir lebten wofür?, wozu?, hofften worauf?" Am Ende des Buches gibt Alvaro einer leeren Schaukel Schwung, einer Schaukel, auf der sein toter Sohn Nuno hätte zum Himmel aufsteigen sollen mit einem endlosen Lied auf den Lippen.

Das Handbuch der Inquisitoren
(*Manual dos Inquisidores*, 1996)

Im *Handbuch der Inquisitoren* komponiert António Lobo Antunes die Textur wiederum aus Einzelmonologen, und diesmal sind es nicht weniger als 19 Stimmen, denen wir lauschen. Fünf davon dürfen Hauptrollen sprechen, „Berichte" genannt. Joao, der verkrachte Sohn des Landgutbesitzers und Exministers Francisco, leidet daran, daß „ich keine Mutter habe, keine

Geschwister habe, keine Familie habe", und ist lange Jahre nach der Nelkenrevolution allein in das verwüstete Landhaus zurückgekehrt, um sich ein Boot zu bauen und damit wegzufahren. Titina, die auf dem Gut als Haushälterin die Wirtschaft führte, erinnert sich an die Umstände, unter denen der Minister von seiner Frau verlassen wurde, aber auch an die wenig zimperliche Art und Weise, wie der Minister sein sexuelles Verlangen an allem, was einen Rock trug, befriedigte. Paula ist die Frucht dieses Verlangens; ihr Bericht erzählt von den Privilegien, die sie als unehelicher Ministersproß genoß, und von ihren Problemen nach dem Machtwechsel. Der vierte Bericht gehört Milá, die als 23jährige das zweifelhafte Glück hat, daß der Minister sich zu ihrem Gönner und verabscheuten Liebhaber macht – dies nur, weil sie seiner entlaufenen Ehefrau Isabel ähnlich sieht. Die haudegenhafte Schreckfigur, die all diese Erzählstränge zusammenhält, eben der Minister, erhält im abschließenden Bericht selbst das Wort: er, der einst die rechte Hand des Diktators Salazar war und dessen Nachfolger hätte werden wollen, vegetiert nach einem Schlaganfall vor sich hin und kann nur noch die Angestellten des Pflegeheims terrorisieren, indem er das Bett einnäßt.

In jeden dieser fünf „Berichte" eingeschoben und als „Kommentare" tituliert finden sich kürzere Monologe von einer Reihe von Nebenfiguren, die das von den Protagonisten Mitgeteilte ergänzen und präzisieren, ihm oft genug aber auch widersprechen. Hier hören wir vor allem die Stimmen der Dienstboten: die Tochter des Hausmeisters kommt ebenso zu Wort wie die Köchin, die der Minister schwängerte, und der Veterinär, der das Kind auf die Welt holen mußte; Isabel meldet sich und Joaos Exfrau Sofia und deren raffgieriger Onkel, dem es nach der Revolution gelungen ist, der verhaßten Ministersippschaft alle Besitztümer abzunehmen; als geheimer Höhepunkt der Perspektivenkunst des Autors darf schließlich eine mit Joao liierte Beschäftigungstherapeutin einen Kommentar beitragen, der sich den Hauptfiguren auf kreiselnden Umwegen nähert und ganz unmerklich in Joaos eigene Stimme übergeht.

Nun wäre António Lobo Antunes nicht der Sprachmonomane, der er ist, wenn es ihm nicht gelänge, aus diesem kaleidoskopischen Stimmreigen eine Art kollektiven, bei aller Fragmentarik in sich einheitlichen Sprachfluß zu formen. Das Stakkato eines rauschenden und berauschenden Sprechens ohne fest umrissene Satzperioden und ohne Punkt, rhythmisiert nur durch unzählige Kommata, Absätze und Einschübe, donnert über alle Perspektivenwechsel hinweg und bleibt prinzipiell unabschließbar: das Buch beginnt mit einem „Und" und endet mitten in einem Satz; Themen und

Formulierungen werden abgebrochen, variiert und wieder aufgenommen, so daß die Textur von kreiselnden Spiralformen durchwirkt ist.

Dadurch entsteht eine thematische Offenheit, die es António Lobo Antunes gestattet, in diesem Roman grundsätzlich alles anzuschneiden, was er nur anschneiden will: wir hören vom unmöglichen „Fortschritt in einem Land [...], in dem das Eierstockgewerbe schon um drei Uhr nachmittags anfängt", und vom „Schicksal eines Bergmannes, den ein Erdrutsch in Form seiner Ehefrau begrub", und von der Überzeugung, „eine intelligente Regierung" würde „sofort das Scheißmeer und die Hitze an die Schweizer verkaufen, die reich sind"; die unselige portugiesische Kolonialgeschichte wird ebenso zum Thema wie die nachrevolutionäre Verfilzung von Wirtschaft und Politik. Dies ist, wenn wir so wollen, ein Buch über alles.

Und doch arbeitet Lobo Antunes bei aller Disparatheit der Erzählgegenstände einzelne Themen besonders heraus, Themen, die mit der untergründigen Melancholie des Buches zu tun haben und auch mit Macht. Eines dieser Themen ist das unabänderliche Verstreichen der Zeit und, damit verbunden, das Altern des Ich und der anderen. Für die Hausmeisterstochter Odete ist die Zeit „schlimmer noch als der Tod", und ein seit langem im Ruhestand befindlicher Feldwebel bescheidet den innerfiktionalen Autor (der, der Grundfiktion dieses Buches zufolge, alle Monologe auf Tonband sammelt): „stecken Sie Ihre Papiere und Ihre Tonbandaufnahmen in die Aktentasche, denn es bringt nichts, die Vergangenheit wieder auszupacken". Mag es nun etwas bringen oder nicht – alle Stimmen, die wir hören, beschäftigen sich mit der Vergangenheit, und zumal die, die die Orientierung verloren haben („Wann das, was ich Ihnen erzähle, geschehen ist? Vor fünfzehn, zwanzig Jahren? Länger her? Fünfundzwanzig? Dreißig?"), leben mindestens so sehr in der Erinnerung wie im Jetzt.

Das andere wichtige Thema, das fast alle Monologe durchzieht, ist Besitz – im konkreten wie im übertragenen Sinne. Wer etwas oder jemanden besitzt, hat Macht darüber, und nicht zuletzt darum beharrt die Haushälterin Titina darauf, Joao habe eigentlich „mir gehört", beharrt die Köchin Idalete darauf, der Minister habe in Wahrheit „nicht die gnädige Frau gern, sondern mich", begreift Paulas Patin Alice es als den Hauptvorteil eines Kindes, „daß man es ausschimpfen und ihm ein paar Ohrfeigen geben kann, wenn uns irgend etwas ärgert".

Mit Besitzrechten hat denn auch der Titel *Das Handbuch der Inquisitoren* zu tun, denn wer Informationen über einen Menschen hat – wie, oberflächlich betrachtet, der Autor mit seinen Tonbändern –, besitzt diesen Menschen bis zu einem gewissen Grade. Isabel hat dem Macht- und Besitzdenken des

Ministers eine Grenze gesetzt, als sie fortlief, weil sie „nur wünschte, für sich zu sein, allein zu sein, ohne Männer, die sie mit ihren sinnlosen Verhören verfolgten". Was sie meint mit den „sinnlosen Verhören", das ist die Zudringlichkeit des Satzes „Du liebst mich doch nicht wahr Isabel?" Als der letzte Bericht ihres verlassenen Mannes, des alten Exministers, mitten im Satz abbricht, tut er das genau dort, wo das Wort „Liebe" folgen müßte.

Die Liebe bleibt am Ende aus; „das, was unser Vater uns hinterlassen hatte, waren Raben und Wind und mein Haß auf ihn". Die Monomanie der Liebessehnsucht – darin liegt die abgrundtiefe Melancholie dieses furiosen Romans – bleibt ungestillt. Eingefangen immerhin hat António Lobo Antunes sie in der Wucht seiner Wortmonomanie.

Portugals strahlende Größe
(*O Esplendor de Portugal*, 1997)

Anweisungen an die Krokodile
(*Exortação aos Crocodilos*, 1999)

Die alte Isilda, allein mit sich selbst und einer schwarzen Hausangestellten, die als ihre Freundin anzusehen sie sich nicht überwinden kann, wartet im nachkolonialen Angola auf den Tod und denkt an ihre Kinder in Portugal: „einen Mischling, einen Epileptiker und ein Flittchen". An den „Mischling", Carlos, schreibt sie seit fast zwei Jahrzehnten Briefe, auf die sie nie eine Antwort erhält, denn Carlos stopft sie ungeöffnet in irgendeine Schublade des „Zweizimmerapartments in Ajuda", in dem er allein mit seiner Frau Lena haust, seit er vor fünfzehn Jahren die beiden Geschwister („Clarisse, die nicht blöd ist", und „Rui, der blöd ist") hinauswarf. Jetzt, an Heiligabend 1995, hat er die beiden zum Abendessen eingeladen, doch sie werden nicht kommen, und seine Frau wird ihn an diesem Abend verlassen. Was bleibt, sind die inneren Monologe von Carlos, Rui, Clarisse und Isilda, aus denen António Lobo Antunes seinen von ohnmächtiger Gewalt randvollen Roman *Portugals strahlende Größe* gefügt hat.

Der Titel, der aus der portugiesischen Nationalhymne stammt, wirkt wie der blanke Hohn, wenn er auf den Inhalt des Buches bezogen wird, denn dort herrscht nichts als düsteres Elend. Isilda meint, daß „die Neger elende Gestalten sind, doch zu ihrem eigenen Glück ihr Elend nicht merken". Von diesem zweifelhaften Glück kann freilich keine Rede sein. Die vier Hauptgestalten dieses Romans immerhin sind ganz gewiß elende Gestalten und versuchen, sich selbst über ihr jeweiliges Elend hinwegzutäuschen. „In mir ist etwas Schreckliches", merkt Isilda und meint damit „eine Art Schrei", den aber niemand hört: „die anderen werden nie was auch immer begreifen", zumal jeder nur mit sich selbst beschäftigt ist.

Carlos „mag seine Geschwister nicht, mag seine Frau nicht" und mag sich eigentlich auch nicht erinnern, daß er seinen epileptischen Bruder Rui abgeschoben hat. Der steckt jetzt „nicht eigentlich in einer Klinik, nicht eigentlich in einem Heim, in einer Einrichtung in Damaia, in der sie Geschöpfe aufnahmen, die ihre Familie störten, wie zum Beispiel Leute, die an Krebs starben, geistig Zurückgebliebene, Blinde". Rui träumt davon, „die Tauben zu erwürgen", um auf diese Weise „glücklich zu sein" – sein manischer Sadismus ist ein Zerrspiegel der kolonialen Gewaltorgien, die die Portugiesen sich mit der „Würde des Befehlens" zu legitimieren suchen. Die Schwester schließlich, Clarisse, freut sich klammheimlich, daß Carlos „immer allein, mürrisch, schweigsam" ist. Sie läßt sich von einem reichen alten Knacker aushalten, der einen Herzschrittmacher trägt und wer weiß was verspricht, aber zurückweicht, als sie einen Knoten in ihrer Brust bemerkt. Weihnachten ist auch sie allein – allein mit Gedankenfetzen, in denen ihr Vater auf dem Sterbebett ihr etwas zu sagen versucht und es dann doch nicht ausspricht.

Alle vier Protagonisten sind „wegen der Erniedrigung oder vom Schicksal gezwungen, sich eine Gegenwart zu erfinden, die schon vor Jahren zu existieren aufgehört hat"; sie hocken wahrlich im Herzen der Finsternis. Carlos flüchtet sich in einen kindischen Zählwahn, vermutlich, weil er als Kind die Wanduhr im elterlichen Haus für das „Herz der Welt" gehalten hat. Isilda tut derlei als Naivität ab. „Das wirkliche Herz des Hauses waren die Gräser auf den Gräbern am Abend oder zu Beginn der Nacht" – was zumindest insofern überzeugend klingt, als das Herz aller Figuren an dem hängt, was tot und begraben ist.

Auch Isilda freilich erinnert sich an die Wanduhr, deren unablässige Rede mit der des Meeres identisch ist: „ja nein, ja nein, ja nein". Die so plastisch eingefangene und in Sprache umgesetzte Pendelbewegung wird zum stickigen Atem dieses Romans, der ebenfalls ständig pulsiert: Isildas Monologe wechseln sich mit denen ihrer Kinder ab; das Pendel der Aufmerksamkeit schwingt zwischen Gegenwärtigem und Vergangenem, zwischen Portugal und Angola, zwischen monologisierendem Ich und dazwischendrängenden anderen Stimmen hin und her. Wie der Takt eines Metronoms zerhacken unzählige Kommata die Prosa dieses Romans, eine Prosa, in der es kaum einmal abgeschlossene Sätze gibt, die vielmehr in der Aufreihung und Aufsplitterung erinnerter und gegenwärtiger Einzelheiten fast endlos wuchert, dabei immer wieder in taumelnde Kreiselbewegungen übergeht, zu Fixpunkten aus stehenden Wendungen zurückkehrt und sie sogleich wieder verliert. António Lobo Antunes arbeitet mit virtuos eingesetzten Verzögerungseffekten, indem er seine Figuren zu Gedankengängen anheben läßt, die erkennbar auf den Kern irgendeiner Begebenheit oder einer Empfindung zielen, dann aber ins Flattern geraten oder von dazwischendrängenden Assoziationen unterbrochen werden. Ein konzises, auf engem Raum ausgeführtes Beispiel für das, was Lobo Antunes auch größerflächig betreibt, ist die Angst der alten Isilda vor dem Alleinsein, wie sie sich in der Mitte des Buches äußert:

> als wäre das möglich, meine Herrschaften, als wäre ich
> man stelle sich das vor
> allein und lebte
> man stelle sich das vor
> ohne jemanden, der sich um mich kümmerte

– was sie natürlich ist.

„Man stelle sich das vor": dieser Appell des Romans ist deswegen so unerträglich nicht nur für die Figuren, sondern auch für uns Leser, weil das, was uns vorzustellen wir hier aufgefordert werden, so ungeheuer und geradezu blasphemisch gewalttätig ist. Viele der Szenen, die die Greuel des Kolonialismus zeigen (und António Lobo Antunes weiß durchaus, wovon er schreibt, denn schließlich hat er all das jahrelang als Militärarzt erlebt), sind von einer solchen Bestialität, daß dahinter auch Lobo Antunes' frühere Romane weit zurückbleiben müssen. Gleichzeitig müssen wir aber immer die armseligen Versuche der Figuren ertragen, diese Bestialität zu legitimieren und hinwegzureden; das ist schon kein bloßer Rassismus mehr, das ist eine menschliche Empfindungslosigkeit ohnegleichen, die freilich nicht verhindert, daß die Figuren anderswo hypersensibel reagieren. Isilda etwa zuckt nicht mit der Wimper, wenn sie Menschen hinmetzeln läßt, erklärt dann aber wieder: „was mir im Leben die größten Schuldgefühle bereitet, ist eine Puppe in einer Mülltonne".

Menschen dürfen durchaus wie Müll behandelt werden im Ungefüge der Welt, die *Portugals strahlende Größe* entwirft. Die Fratze des Rassismus grinst sogar ins Verhältnis zwischen Weiß und Weiß hinein; voller Abscheu denkt Clarisse an „die Weißen aus Portugal, die uns wie die Neger behandelten". Carlos heiratet ein ungeliebtes Mädchen aus dem Elendsviertel, weil er weiß, daß er als Mischling nie eine Chance hat, etwas Besseres zu kriegen. Es geht also darum, sich für die Demütigungen, die man selbst empfängt, schadlos zu halten an anderen, die in der Herkunftshierarchie noch weiter unten stehen: „wir hatten Neger, die ihre Neger hatten und diese wieder ihre Neger, stufenweise hinunter bis zum Grund der Krankheit und des Elends, Krüppel, Lepröse, Sklaven von Sklaven, Hunde, diese demütigen Tiere [...], die Schnauze am Boden, jaulend, hinkend [...]." An Menschlichkeit ist da schwerlich zu denken.

Es gehört durchaus auch zu den Qualitäten der Romankunst von António Lobo Antunes, daß er uns auch in diesem Roman wie in den früheren fast nur Figuren vorführt, die wir mehr oder weniger widerwärtig finden – daß er auch diese Figuren freilich nicht von vornherein desavouiert, sondern sie bis in die letzte Regung hinein mit fast mitleidiger Vorbehaltlosigkeit ausgestaltet. Bisweilen dämmert uns dabei sogar der Verdacht, daß diese Figuren nicht zuletzt deshalb so unsympathisch sind, weil sie in ihren wahnhaften Monologen alle Hemmungen des sozialen Fassadenbaus überwinden und sich unmittelbar ins Zentrum des Ichs blicken lassen – was hieße, daß die Menschen sympathisch nur so lange sein können, wie sie sich zu verstellen vermögen. Jede Verstellung wird bei Lobo Antunes als solche offenbar und verkehrt sich deshalb ins Gegenteil: der Mensch in all seiner unverstellten Bestialität und Borniertheit wird bloßgelegt.

Aber er wird doch nicht bloßgestellt; das „ja nein, ja nein" bezeichnet nicht nur das Prinzip des Alternierens, sondern auch das der Ambivalenz. So kommen wir bei der Lektüre doch auch immer wieder an einen Punkt, wo diese menschlichen Monster uns so etwas wie Rührung abzwingen. Zumeist sind dies die Momente ihres Scheiterns, ihrer Ohnmacht. Carlos beklagt die Eheenge in der „Hundehütte", seinem Apartment: „es ist unmöglich, zu zweit unglücklich zu sein, denn Unglücklichsein ist etwas Einsames, und hier rauben sie einem sogar noch die Freude an der Traurigkeit". Der sadistische Rui denkt an seinen Vater und wünscht sich: „wenn ich doch wenigstens erklären könnte, was ich nicht kann, ihn berühren, was weiß ich, anstatt ihn zu treten, ich habe nie jemanden berührt". Clarisse, die forsche Sexstrategin, verfällt unverhofft in Zweifel: „Ich weiß nicht, ob ich meine Familie mag. Ich weiß nicht, ob ich überhaupt jemanden mag. Ich weiß nicht, ob ich mich mag." Solche Bekenntnisse machen nicht nur die Monologe von Lobo Antunes' Figuren erträglicher, sie bedeuten auch für die literarische Qualität dieses Romans einen Mehrwert.

Ob Portugals Kolonialgeschichte etwas von strahlender Größe hat, mag man mit Fug bezweifeln; über die große Romankunst des António Lobo Antunes kann es keinen Zweifel geben – auch wenn man bemängeln mag, daß der Roman *Portugals strahlende Größe* erstmals so etwas wie formale Wiederholung bringt: António Lobo Antunes führt hier fast unverändert genau jene Bautechnik fort, die er für das *Handbuch der Inquisitoren* entwickelt hat, und auch in *Anweisungen an die Krokodile* greift er wiederum auf diese Technik des Ineinanderverschachtelns von Monologen zurück. Zur Legitimierung dieser formalen Wiederholung hat der Autor das *Handbuch*, die *Größe* und die *Anweisungen* eine Trilogie genannt – das muß man natürlich akzeptieren.

Geh nicht so schnell in diese dunkle Nacht
(*Não Entres Tão Depressa Nessa Noite Escura*, 2000)

Was werd ich tun, wenn alles brennt
(*Que farei quando tudo arde?*, 2001)

Guten Abend ihr Dinge hier unten
(*Boa Tarde às Coisas Aqui em Baixo*, 2003)

Näher als in *Guten Abend ihr Dinge hier unten* war António Lobo Antunes dem Herzen der Finsternis noch nie, auch Joseph Conrad schreckte vor dieser Nähe zurück. „Das Grauen! „Das Grauen!" – so benennt Conrad es, doch er beschreibt es nicht eigentlich, verschleiert vielmehr, wie das Grauen konkret aussieht. Conrad war mit *Herz der Finsternis* unzufrieden, weil es ihm zu symbolisch war; Lobo Antunes' Roman *Guten Abend ihr Dinge hier unten* hingegen gerät nie in Gefahr, zur symbolischen Geschichte zu werden, nicht zuletzt, weil eine zu erzählende Geschichte allenfalls rudimentär vorhanden ist. Erzählt und beschrieben wird das Grauen an sich, in zersplitternden, sich quälend häufig wiederholenden, von keiner Episierung verharmlosten Bildern äußerster Gewalt. Bestialische Morde, Folter, Inzest, Vergewaltigung: Lobo Antunes taucht Afrika in das Blut, zu dessen Vergießen er selbst beitrug, als der junge Militärarzt in die Kolonie Angola geschickt wurde.

Wirklich stellen kann Lobo Antunes sich dem, was er damals erlebte, immer noch nicht; *Guten Abend ihr Dinge hier unten* spielt nicht im Kolonialkrieg, sondern in jenem zerstörten Angola, das dieser hinterlassen hat. Von der Kriegsgeneration scheint im Land kaum jemand mehr am Leben, „übriggeblieben sind nur alte Leute", außerdem eine neue Generation, die von Anfang an versehrt ist: „alle Kinder in Angola benutzen

Krücken". In dieses ausgeblutete Land wird der Geheimagent Seabra geschickt, um eine „Zielperson" aufzuspüren, einen Mann, der undurchsichtige Geschäfte mit Diamanten betreibt oder betrieben hat und etwas weiß, was niemand wissen soll. Seabra fragt sich, ob er es schaffen wird, „nicht hierzubleiben"; im ersten Teil des Romans schreibt er Memoranden, steckt sie in tote Briefkästen, die tot bleiben, nähert sich kreiselnd der „Zielperson" und der Erledigung seiner Aufgabe, immer im Bewußtsein des Scheiterns: „Verbessere ich das hier nun mit Worten, oder rede ich von dem, was wirklich [...] geschehen ist?" Er weiß, seine Version des Geschehens ist nicht die, die man von ihm erwartet, und er weiß auch, daß er selbst deshalb zur nächsten „Zielperson" wird.

Im zweiten Romanteil ist ein zweiter Häscher unterwegs, ein gewisser Miguéis, dem die „Notwendigkeit, für eine kleine, einfache Arbeit nach Angola zu fahren", mit ähnlichen Worten schmackhaft gemacht wird wie zuvor schon seiner „Zielperson" Seabra: „eine Routinesache, drei, höchstens vier Tage, um die Reste eines Ihrer Kollegen wegzuräumen". Der Befehl an Miguéis lautet unmißverständlich: „Seabra verläßt Afrika nicht". Sehr schnell dämmert Miguéis, daß auch er selbst Afrika nie wieder verlassen wird, schon gar nicht lebendig.

Und auch die Figuren des dritten und letzten Romanteils werden nie aus der Hölle, die Afrika für sie ist, herauskommen. Morais, wiederum ein Agent der Spionageabwehr, jagt fünf windige Gestalten, die das Diamantengeschäft auf zu eigennützige Weise betrieben haben und zuviel wissen: Gonçalves, Mateus, Mendonça, Sampaio und Tavares. (Daß überproportional viele Figuren von *Guten Abend ihr Dinge hier unten* Namen tragen, die mit M beginnen, mag Zufall, könnte aber auch eine bewußte Anknüpfung an Joseph Conrads Held Marlow sein.) Rasch ist klar, daß die fünf den Grenzfluß, der ihr Ziel ist, nie erreichen werden; ebenso rasch ist klar, daß ihr Jäger Morais auch schon zuviel weiß. Am Ende gibt es nur Leichen auf Treppenstufen. Aber es gibt eigentlich kein Ende, „denn die Hölle besteht darin, daß wir uns die ganze Ewigkeit lang erinnern", wie wir im Epilog lesen.

António Lobo Antunes erzählt keine Geschichte, sondern er rührt Töne und Farben an und rührt sie so kräftig durcheinander, daß sich daraus ein fratzenhaftes, schon im Entstehen unentwegt zerfallendes, dabei an Intensität kaum zu übertreffendes Porträt einer Hölle im Innern fügt. Lineare Abläufe gibt es nicht, es gibt nur schmerzhaft zerdehnte Standbilder und Einzelsequenzen, es gibt Gegenwart und Vergangenheit und Zukunft, die sich unentwegt durchdringen und ununterscheidbar werden, und es gibt eine flirrende Dauerbewegung, die Schreckensstarre ist. Die Verzögerungseffekte, die Conrad in seinem *Herz der Finsternis* in die Handlungsfolge einbaut, finden bei Lobo Antunes in der Form ihre Entsprechung. Einerseits ist „die Zeit reglos", alles ist gleichzeitig da, andererseits ist „alles in Afrika [...] in Bewegung", alles entzieht sich der Benennung und der Beschreibung und erst recht dem Verstehen. António Lobo Antunes setzt diese Gleichzeitigkeit des Ungleichzeitigen, diese Ununterscheidbarkeit dessen, was ist, und dessen, was war und sein wird und sein könnte, literarisch um, indem er Sprachfetzen und Satztrümmer durcheinander montiert; auf komplette Sätze verzichtet er, fügt die poröse Struktur seiner Prosa ganz aus Fragmenten. Der Lektüreerschwernis, die das zur Folge hat, läßt sich am besten begegnen, indem man gleichsam über die Textur hinweghuscht – was gefährlich ist, denn Lobo Antunes arbeitet gerade da, wo er Zusammenhänge herkömmlicher Art verweigert, unerhört präzis und verträgt kein unaufmerksames Lesen.

Guten Abend ihr Dinge hier unten ist nicht sein erster Roman, der im nachkolonialen Angola spielt; schon *Portugals strahlende Größe* hat er in weiten Teilen aus der Perspektive einer in Afrika zurückgebliebenen Frau erzählt. Nachdem Lobo Antunes zuvor in jedem Roman neue Bauformen entwickelt hatte, um die Polyphonie seiner Stimmen syntaktisch und montagetechnisch zu orchestrieren, hat sich die Form in den sechs Romanen seit dem *Handbuch der Inquisitoren* kaum noch verändert; auch *Geh nicht so schnell in diese dunkle Nacht* und *Was werd ich tun, wenn alles brennt* folgen weitgehend dem dort entwickelten Schema. Ein bißchen will es scheinen, als sei dem literarischen Monomanen Lobo Antunes seine Manie zur Manier geworden. Vielleicht hat er aber auch (auf Kosten des früheren Variationsreichtums) eine gewisse formale Sicherheit gebraucht, um sich auf das immer noch unsichere Terrain des Angola-Themas vorwagen zu können. Variabel bleibt er zudem in seiner Perspektivik, und wie immer bei Lobo Antunes lautet die Leitfrage bei der Lektüre: Wer spricht? Im ersten Teil des neuen Romans monologisieren abwechselnd Seabra und Marina, die Nichte (und Tochter) seiner „Zielperson"; im zweiten spricht durchgängig Miguéis (einmal sogar seine Frau); im dritten Teil dann erhält Morais im Wechsel mit den fünf Männern, die er jagt, das Wort.

Daß zudem immer der Autor mitredet, ist eh klar. Wenn ausgerechnet Marina sich Gedanken über verblichene Bilder macht und über „diese Erzählung, die mehr noch als die anderen zu einer Krankheit geworden ist, die dich auffrißt und die du nicht zu heilen vermagst", dann monologisiert nicht nur sie, sondern auch António Lobo Antunes. Spätestens hier ist er nicht nur im Herzen der Finsternis, sondern in der Finsternis seines Herzens angekommen. Deutlicher denn je ist der Autor in seinen Figuren vorhanden und spricht uns aus deren Monologen heraus an; „wer erzählt mir diese Geschichte, wer erzählt das für mich?" fragt ein Einschub im Monolog Marinas, und der Text fährt fort: „kein Fischkutter, auch keine Vögel, keine Mulattinnen, die dein Kapitel verbessern, António, du wächst mit dem Roman auf, schläfst mit dem Roman ein, und Marina, die du geschaffen zu haben glaubst und die sich selber geschaffen hat, läßt nicht locker in dir". Dieses Nichtlockerlassen kommt mit der Penetranz eines Stoffs daher, von dem der Autor nicht loskommt und dem er sich deswegen immer wieder stellen muß, notfalls auch in der formalen Wiederholung.

Was die Romanmaschine des António Lobo Antunes am Laufen hält, das ist eigentlich gerade nicht die Wiederholung, sondern das ist die Spannung zwischen dem nie aufgegebenen monologischen Grundprinzip und den immer neuen erzähltechnischen Konstruktionen und perspektivischen Konstellationen, die Lobo Antunes sich für die Monologe einfallen läßt. Wie der chronologische Gang durch die Werkgeschichte zeigt, werden die syntaktischen und montagetechnischen Konstruktionen zunächst immer komplexer, und als Lobo Antunes dann (im *Handbuch der Inquisitoren*) eine Bauform gefunden hat, die seinen Erfordernissen so sehr entgegenkommt, daß er dabei bleibt, achtet er zumindest darauf, weiterhin die Verfahren seiner Perspektivik zu variieren. Daß die Direktheit der Texte unter der zunehmenden Komplexität nicht leidet, dafür sorgt eben das Festhalten am Prinzip der radikal subjektiven Weltwahrnehmung. Ein objektiver, gar allwissender Erzähler ist das allerletzte, was wir von António Lobo Antunes erwarten dürfen, nicht nur, weil Objektivität und Allwissenheit heutzutage nicht mehr zu haben sind (wenn sie es denn jemals waren), sondern auch, weil nur der radikale Subjektivismus der Prosa Leidenschaft und Feuer zu geben vermag. Wer Nüchternheit oder Distanziertheit sucht, ist bei Lobo Antunes an der falschen Adresse: richtig ist hier, wer sich besaufen will an Sprache und an den Klang- und Bilderwelten, die sich mit Sprache transportieren lassen, wenn man sie so beherrscht wie dieser Autor. Im Deutschen haben wir außerdem das Glück, daß die Romane von António Lobo Antunes in die Finger zweier Übersetzerinnen geraten sind, die sich ebenfalls als ausgesprochen sprachmächtig erwiesen haben. Was will man mehr?

Als Samuel Beckett sich in Paris einmal mit seinem irischen Schriftstellerkollegen John Montague unterhielt, wies er ihn mit erhobenem Zeigefinger an: „Monolog – das ist es!" António Lobo Antunes war bei jenem Gespräch nicht dabei, doch verstanden hat er gleichwohl.

Lateinamerika

Fruchtkolben im Textkörper

José Lezama Lima (1910-76)

Inferno. Oppiano Licario
(*Oppiano Licario*, 1977)

José Lezama Limas furioser Roman *Inferno* ragt einsam und allein aus dem Wald der Literatur heraus: wie ein Elfenbeinturm. Und dieser Elfenbeinturm ist ein einziger Phallus. Prall, bis zum Bersten angefüllt – womit? Mit Sprache, mit Metaphern, oft so schief, wie ein famoser Phallus halt ragen soll. „Auf den Balkonen drehten altehrwürdige Damen mit zitternden Händen an den Operngläsern, die ihnen die Fruchtkolben der Jugend heranholten." Lezama Lima will in der Tat eine Jugend heranholen, vielleicht sogar seine eigene; als Schriftsteller freilich, der sich weder ehrwürdig noch damenhaft geriert, tut er das nicht mit Operngläsern, sondern mit „ausschweifenden Beschreibungen". Es ist eine kubanische Jugend in den dreißiger Jahren.

Muß man José Lezama Lima vorstellen? Jahrgang 1910, Asthmatiker, Halbwaise, schwul. Früh exzelliert er als ekstatischer Lyriker, ist umtriebig, liest und schreibt und liest. Castros Instrumentalisierung verweigert er sich, verdämmert auf einem Alibiposten. Als er Mitte fünfzig ist, stirbt seine Mutter, mit der er bis dahin symbiotisch zusammenwohnt: als alternder Fettsack ist er plötzlich allein. 1966 erscheint unter Hilfestellung Julio Cortázars sein Roman *Paradiso*, an dem er Jahrzehnte gearbeitet hat, ein irrer Ziegel, den niemand versteht – ein Klassiker. Lezama Lima schreibt weiter, an einer Art erhellender Fortsetzung, die freilich noch nicht Buch ist, als er 1976 einer Lungenentzündung erliegt. Der zweite Roman, fertig oder fast fertig oder vielleicht doch nur Fragment, erscheint 1977 als *Oppiano Licario*. Ursprünglich hatte das Buch *Inferno* heißen sollen, unter diesem Titel erscheint es jetzt nicht nur neu übersetzt, sondern auch um etliche vom Herausgeber in Havanna eigenhändig ausgegrabene Textfragmente ergänzt in deutscher Sprache.

Von den Ausgrabungen und neuen Einsichten erzählt uns Klaus Laabs in einem aufschlußreichen Nachwort, das spannender ist als der Roman, um den es geht. Spannend ist *Inferno* nämlich nicht im mindesten – weil gar keine Geschichte erzählt wird, die der Rede wert wäre. Die zehn vorliegenden Kapitel (drei weitere hatte Lezama Lima offenbar geplant) hängen lose aneinander und sind gefügt aus rauschhaft und sprachmächtig hingewuchteten Szenen und Episoden, die oft nur sehr notdürftig aufeinander bezogen werden. Im Zentrum stehen drei junge Männer, die wir schon aus *Paradiso* kennen, wenn wir jenen ersten Roman gelesen haben: der knospende Dichter Cemí, der labile Homosexuelle Foción und der frühreife Intellektuelle Fronesis. Am Ende von *Paradiso* ist dieses Trio zerfallen, und es ist die mysteriöse Figur jenes Oppiano Licario aufgetaucht, der sich zum Mentor Cemís aufzuschwingen scheint, dann aber plötzlich stirbt. In einem Kapitel von *Inferno* erlebt er seine Auferstehung, „als erwache er auf fremder Erde", aber präsent ist er vornehmlich als Toter, als Abwesender.

Als Abgesandte des toten Licario fungiert fortan seine Schwester Ynaca Eco, die sich redlich müht, eine Verbindung zwischen Fronesis (dem die Eingangskapitel gelten) und Cemí (der nach Licarios vorübergehender Wiederauferstehung die Szene beherrscht) zu stiften. Foción, lange Zeit im Hintergrund, taucht am Ende plötzlich auf, wenn auch hauptsächlich, um sich vom „Silberfürst" (einem Hai) fast umbringen zu lassen; gleichzeitig trifft die Nachricht ein, Fronesis sei „verletzt" (was immer das heißen mag). Eine ganze Horde von Nebenfiguren dringt scheinbar unmotiviert in den Textkörper ein und heftet sich mit zunehmender Rasanz an die Fersen von Fronesis, der einzigen Figur übrigens, die definitiv heterosexuell ist und bleiben will. In einem Kaleidoskop ausgesprochen irrealer Szenen springen wir zwischen Kuba, Paris und Nordafrika im Dreieck und versuchen, uns auf all das einen Reim zu machen.

Der wiederauferstandene Licario hat Cemí ein Manuskript namens *Nie in die Seele eingegossene Summa morphologischer Ausnahmen* zugespielt, das allerdings, während Ynaca sich von Cemí schwängern läßt, durch das groteske Zusammenwirken eines Unwetters und eines übergeschnappten Hundes vernichtet wird. Als nichtexistenter Text in einem Text, der zusehends zum Fluchtpunkt aller Begierde wird, steht diese *Summa* für die Funktionsweise des Metaphernfeuerwerks, das Lezama Lima in seinen beiden Romanen zündet. Nichts ist, was es ist, alles steht für etwas anderes, das wiederum für etwas anderes steht, das nicht zu greifen ist. Heraus kommen folgerichtig Sätze, die faszinieren, aber nicht auszuloten sind: „Als Foción erfuhr, daß Fronesis abgereist war, ergriff ihn die Besessenheit des Baumes vom mütterlichen Wasser."

Am Anfang des Romans, in einer gewalttätigen Szene, in der Soldaten einen Jüngling ermorden, ist von offenen und verschlossenen Türen die Rede und davon, wie wichtig es sei, „auf die Sprache der Tür zu achten". Im weiteren Fortgang der Szene erweisen sich freilich Fenster als die wichtigeren Öffnungen. Lezama Limas Figuren sind Sehende, nicht im voyeuristischen, sondern im tätigen Sinne: sie arbeiten alle an einem „Labyrinth der Bilder", und Bilder sind literarisch gesprochen eben Metaphern – Übertragungsleistungen. Das Organ dieser speziellen Bilderzeugung ist ein Durchlaß, der besser ist als jede Tür und jedes Fenster, es ist – eigentlich erstaunlich – der Mund: er frißt und säuft, er redet und er küßt. All das geschieht fortwährend in Lezama Limas *Inferno*. Der „Silberfürst", der Fociós Arm fast verschlingt, benimmt sich nicht anders als das übrige Personal; die Figuren pflegen höchst gern „eine genußvoll sich hindehnende Konversation [...], so feingeistig, daß sie nicht zu enträtseln war"; der Sexualtrieb schließlich als Spitzenprojektor der Bilderfluten ist in jedem Satz virulent. In einer denkwürdigen Szene beschreibt Lezama Lima einen Beischlaf als Zerfließen der Farben auf einer Palette.

Um dieses Zerfließen, die äußerste „Entgrenzung und das Erscheinen des Urgeschöpfs in der Totalität des Zeugungsraumes" geht es. Lezama Lima verteilt seine Figuren (und seine Metaphern) vor allem deshalb über die ganze Weite der Welt (und der Ideengeschichte), weil er sie dann anschließend um so heftiger und lustvoller wieder zueinander in Beziehung setzen kann: immer und überall sind sämtliche Textschichten auf der Suche nach einem „Nexus", nach der ultimativen Verbindung. Lezama Lima ist ein Kuppler; um sein Werk auf höchstem Niveau zu verrichten, bedient er sich archetypischer Konstellationen und mythologischer Motive, religiöser Inbrunst und der Ästhetik der Avantgarde. Notfalls raunt er pseudomystisch vom „flüchtigen Ektoplasma eines Gespenstes", von „Raumleib und Leib in Zeitgang" und anderem szientistischen Hokuspokus, bleibt aber vor Heideggerisierung gefeit, weil er nie die Kraft der Selbstironisierung verliert. Nachdem wir allerlei tiefsinnige Zudringlichkeiten über das „Fruchtfleisch des Lichtes", „Ideen als durch das Gehirn ziehende Wolken" und das allvereinende „Pneuma" haben über uns ergehen lassen, ertönt als Inkarnation von Gottes Geist über den Wassern plötzlich – ein Furz, ein wahrhaft „ungelegenes Pneuma". Und doch brauchen wir jenen Atem, der dem Asthmatiker Lezama Lima so arg knapp wurde, um die Dauerbegattung des eigentlichen Urstoffs, der Wörter nämlich, zu befördern – wie dies Fronesis angesichts der Schrift unternimmt: „Wenn er ein Wort neben einem anderen sah, erweckten sie in ihm den Wunsch, sie anzupusten, damit sich ihre Kopulation um so rasender vollziehe. Worte waren für ihn Nester von Ameisen, die sich in Paaren verstreuten, um Gespräche zu führen in einer Einsamkeit, die sie verwandelte."

Von seiner eigenen Einsamkeit hat sich José Lezama Lima in einen Halsbrecher der Sprache verwandeln lassen. Wer von Literatur ein Abbild des

Lebens draußen jenseits der Buchseiten verlangt oder gar die Erkenntnis jenes Lebens, ist bei ihm an der falschen Adresse. Wer Sprachprojektionen von barocker Fülle und Metaphernkaskaden ausschweifendster Künstlichkeit vorzieht, wird in ihm einen Meister sondergleichen erkennen. Lezama Lima berauscht sich an der „Lust der Dinge, die nicht voneinander wissen", und arbeitet bis zum Exzeß daran, diese „Dinge" einander zuzutreiben.

Die Diktatur des Rationalen

Augusto Roa Bastos (1917-2005)

Ich, der Allmächtige
(*Yo, el Supremo*, 1974)

Ich ist, mal wieder, ein anderer: in diesem Fall der Diktator Jose Gaspar Rodriguez de Francia, der von 1814 bis 1840 Paraguay regierte und hermetisch gegen die Außenwelt abschloß. In *Ich der Allmächtige* läßt Augusto Roa Bastos ihn persönlich reden, schreiben und diktieren, doch was dabei herausgekommen ist, ist ein raffiniert gebautes Sprachkunstwerk und keineswegs ein historischer Roman im engeren Sinne.

Das soll nicht heißen, daß alles frei erfunden ist in diesem Buch, ganz im Gegenteil. Hineinmontiert hat der Autor vielfältige dokumentarische Texte: historische Quellen beispielsweise und auch ironisch gebrochene „Anmerkungen des Kompilators", der uns mit koketter Penetranz Namen, Daten und Abläufe erläutert. Und im Sprachfluß des Allmachtsmonologs schwimmen Dekrete, Aktennotizen und Dienstanweisungen mit, die mutmaßlich nicht Erfindungen, sondern Fundstücke sind, bis hin zu einer mehrseitigen Bestelliste für Zinnsoldaten und andere Spielfiguren. Roa Bastos' Buch ist gesättigt mit historischem Stoff: politische Winkelzüge, militärische Desaster und staatstaktische Massaker werden penibelst verzeichnet.

Nur werden sie eben in keiner chronologischen, sondern allenfalls in einer assoziativen Ordnung erinnert, weil Roa Bastos seinen Roman aus den Wirbeln im Kopf des alten Despoten heraus erzählt. *Ich der Allmächtige* ist auf der obersten Ebene der Versuch, die Widersprüchlichkeit im Selbstverständnis eines „Allmächtigen Diktators der Republik" zur Anschauung zu bringen. Der Despot Francia war kein tumber Barbar, sondern ein Intellektueller, der sich die Ideale der französischen Revolution und der amerikanischen Unabhängigkeitserklärung auf die Fahnen geschrieben hatte und in dem von ihm geschaffenen Staat den scharfsinnigsten Rationalismus verwirklicht sah.

Dem Facettenreichtum einer solchen Figur rückt Roa Bastos mit einer Prosa zuleibe, die die Widersprüchlichkeit unmittelbar einfängt, vor allem in der mehrfach gebrochenen Perspektive. Die Sätze des Allmächtigen verknäulen sich mit den Schreibfehlern, Repliken und Ergänzungen seines Sekretärs, der als Schreiber selbst zum Autor, dann aber auch wieder zum

Adressaten wird: „Während ich diktiere, schreibst du. Während ich lese, was ich dir diktiere, um dann abermals das zu lesen, was du schreibst. Wir beide werden schließlich in dem Gelesenen/Geschriebenen verschwinden." Teil dieses angekündigten Verschwindens ist es, daß das Skript unvollständig ist: manche Stellen sind „unleserlich", bisweilen ist der „Rand des Blattes verbrannt", gegen Ende sind ganze Seiten durch Feuereinwirkung „zusammengeklumpt" und „versteinert". Anderswo sind Ergänzungen von unbekannter Hand vermerkt; das alles fügt sich zur ausgeklügelten Fiktion eines Palimpsests, wie es eines Borges durchaus würdig wäre.

Daß Roa Bastos sich bei Jorge Luis Borges (den er einmal zitiert) auskennt, steht außer Frage; daß ein weiterer Pate des Textes Samuel Beckett ist, können wir nur vermuten. „Das Ich manifestiert sich nur durch das Er. Ich spreche nicht zu mir. Ich höre mich, weil Er spricht": derlei hyperrationalistische Verrenkungen könnten fast wörtlich vom selbstzweiflerischen Beckett übernommen sein, und zitiert wird auch dessen Urmaxime „Nichts ist wirklicher als das Nichts". Natürlich weist der Despot solche „Kiesel-Sätzchen" weit von sich, denn die Beckettsche Ohnmachtsästhetik widerspricht ja der eigenen Allmacht.

Die Macht des Alls? Sie äußert sich in dem Meteoriten, der auf Francias Herrschaftsgebiet stürzt: er begreift ihn als „Sinnbild des Zufalls im Universum", läßt ihn „gefangennehmen" und in seinen Palast schaffen (beim Transport sterben Hunderte). Bedroht vom Zufall, wird Herrschaft zur reinen Allmachtsphantasie, und die Phantasie, das erkennt unser dubioser Held, ist nicht nur die „Meisterin des Irrtums und der Falschheit", sondern eine „um so größere Betrügerin, da sie es nicht immer ist. Denn sie wäre ein unfehlbarer Maßstab der Wahrheit, wenn sie unfehlbar Lüge wäre."

Der Wahn der Allmacht, der so viele Opfer fordert, ist zum Scheitern verurteilt: „Am Anfang glaubte ich, ich würde unter der Herrschaft der universellen Vernunft, unter der Herrschaft meiner eigenen Souveränität, unter dem Diktat des Absoluten diktieren, lesen und handeln. Jetzt frage ich mich: Wer ist der Schreiber?" Der Allmächtige ist schließlich doch nicht souverän, nicht als Diktator und auch nicht als Autor. Er mag noch so viele „Schmähschriftsteller" hinrichten lassen, er mag seinem Sekretär dessen eigenes Todesurteil diktieren – die Spiegel seines Ich und die Wiederkäuermägen seiner Erinnerung halten den Widerstand gegen seine Herrschaft als Stachel im eigenen Bewußtsein am Leben. Der Allmächtige glaubt, wie Cervantes zu sein, der „seinen großen Roman mit der Hand, die ihm fehlt", schreibt; tatsächlich ist er nur jener Don Quijote, der der „himmlischen Dulzinea" nachphantasiert. Er ist Figur, nicht Urheber eines Buches – in diesem Fall eines Romans, der gelegentlich seine Längen hat, sprachlich und kompositorisch aber mit einer Wucht daherkommt, der wir uns nur ergeben können. Augusto Roa Bastos ist der Alleinherrscher in diesem Wörterreich.

Metzger zu ähnlich

Jorge Ibargüengoitia (1928-83)

Augustblitze
(*Los relámpagos de agosto*, 1965)

Selten habe ich einen Buchhändler verblüffter gesehen als an dem Tag, als ich behufs der Bestellung dieses famosen Romans den Namen des Autors ohne Versprecher hersagte; hab zwei Tage geübt vorher. Aber das nur nebenbei; lesens- und rühmenswert ist dies Büchlein aus andern Gründen: wenn Flann O'Brien nicht Ire, sondern Mexikaner gewesen wär und statt von schwafelnden Trinkern von tätlichen Militärs geschrieben hätte, dann wäre er Jorge Ibargüengoitia gewesen. Der Held und Erzähler, General Arroyo, weiß, wie man intrigiert; wenn einem mal ein Massaker an der falschen Seite unterläuft, das weiß er auch, so reicht man den Rücktritt ein, der abgelehnt wird, und wartet, bis das berühmte Gras über die Sache gewachsen ist. Trotzdem läuft's am Ende schief, und Arroyo wird füsiliert – oder auch nicht: „Die Leiche, deren Bild am nächsten Tag in den Zeitungen erschien, war die eines Metzgers, der mir sehr ähnlich gesehen haben soll." Wie, das ist Schmidt? Neinnein, Ibargüengoitia heißt der Kerl; kann schließlich nicht jeder Schmidt heißen.

Tierra del Arno

Mit Arno Schmidt bis Patagonien

Arno Schmidt war ein Autor, so deutsch, daß es deutscher kaum geht. Dennoch hat er gerade im romanischen Sprachbereich unter nachwachsenden Kollegen auffällig viele Bewunderer und kreative Nachfahren gefunden, insbesondere im spanisch-portugiesischen Sprachraum und hier ganz besonders in Südamerika. Diesem seltsamen Phänomen soll auf den folgenden Seiten mit einiger Systematik nachgegangen werden durch die Vorstellung einzelner Autoren und Bücher, von denen die meisten leider noch nicht ins Deutsche übersetzt sind, so daß wir vielfach auf Originalausgaben zurückgreifen müssen.

Startschuß der erstaunlichen Schmidt-Rezeption im Bereich der romanischen Sprachen sind die ersten Übersetzungen von Büchern Schmidts in fremde Sprachen, und zwar ins Französische: *Aus dem Leben eines Fauns* erscheint Ende 1962 in Paris unter dem Titel *Scènes de la vie d'un faune*, 1964 folgt die *Gelehrtenrepublik*, übersetzt als *La République des savants*. Beide Ausgaben finden weite Verbreitung, und zwar auch über die Landesgrenzen Frankreichs hinaus (etwa in Italien, u.a. bei Italo Calvino) und bei internationalen Intellektuellen und Autoren, die sich zu dieser Zeit in Paris aufhalten, insbesondere bei politischen Exilanten aus Spanien und Lateinamerika (Julio Cortázar, Juan Goytisolo, Carlos Fuentes, sehr viel später auch noch Juan José Saer). Auf diese Weise ist Schmidt gewissermaßen punktuell und untergründig schon in der spanischsprachigen Literatur verankert, bevor spanische Übersetzungen erscheinen – die *Gelehrtenrepublik* als *La república de los sabios* 1973 in Buenos Aires, *Aus dem Leben eines Fauns* 1978 als *Momentos de la vida de un fauno* in Madrid (unter den Auspizien des Lektors und nachmaligen Romanciers Julián Ríos), später auch noch andere Werke, aber diese beiden sowohl in Frankreich als auch im spanischsprachigen Raum ersten übersetzten Schmidt-Romane bestimmen dauerhaft das Bild Arno Schmidts auf der iberischen Halbinsel und in Lateinamerika, nämlich als eine Art Science-Fiction-Avantgardist einerseits und unerschrockener Brecher politischer und sexueller Tabus andererseits. In Gestalt dieses Bildes wird Schmidt gleichsam ein spanischsprachiger Autor.

Wie das im einzelnen vonstatten geht und welche Früchte das trägt, möchte ich nachfolgend anhand von 19 Büchern darlegen, geschrieben von 15 Autoren Spaniens, Portugals und vor allem Lateinamerikas. Sie weiten die Einflußsphäre Schmidts bis weit in den Süden aus – bis mindestens nach Patagonien, heißt das. Jedenfalls im Prinzip; Voraussetzung ist und bleibt, daß dort auch gelesen wird.

Ricardo Piglia (1941-2017)

Künstliche Atmung
(*Respiración artificial*, 1980)

Das Original dieses wunderbaren Romans wurde schon 1980 im Buenos Aires der Militärdiktatur veröffentlicht, als intellektueller Drahtseilakt mit vielen doppelten Böden. Ricardo Piglia gilt neben seinem Landsmann Juan José Saer (1937-2005), der sich in Rezensionen äußerst lobend über Arno Schmidt geäußert, aber offenbar keine Schmidt-Hommage in eines seiner literarischen Werke eingebaut hat, als Erneuerer des argentinischen und überhaupt des lateinamerikanischen Romans; Piglia und Saer haben einen Bruch mit dem klassischen ‚magischen Realismus' vollzogen, indem sie Elemente aus zuvor intellektuell geächteten subliterarischen Genres wie dem Science-Fiction-, dem Detektiv- und dem Abenteuer- oder auch dem pornographischen Roman in ihre Werke einfließen ließen, womit sie die Basis schufen für eine Entwicklung, die später etwa zu Roberto Bolaño führte. Die Entwicklung kann auch als künstlerisch-intellektuelle Reaktion auf die negativen politischen Entwicklungen in Lateinamerika ab den späten 60er Jahren gewertet werden, also auf zunehmende Repressionen, den Putsch gegen das sozialistische Experiment Perons in Chile und die Installierung von Militärdiktaturen auf dem Kontinent – die Zeit blauäugiger politischer Hoffnungen war vorbei.

Der Roman *Künstliche Atmung* – Piglias erster – ist eine vertrackte Täuschungsmaschine, ein Text über die Abfassung von Texten, der nach der recht früh ausgegebenen Devise „Sinn hat nur das [...], was sich ändert, was sich verwandelt" mit „Apokryphen, Plagiaten, Aneinanderreihungen von erfundenen Zitaten" jongliert. Es geht um die Antiquiertheit (oder auch nicht) von Briefromanen, Worte als einzige Aktivität, ein leeres Zimmer zum Schreiben, letzte Mohikaner, Insel- und Briefutopien, Karteikarten und abgezählte Buchstaben, unverständliche Sprachen, Bücher als Schlüssel, abstrakte Ideen von praktischem Nutzen, tückische Verfasserschaften, Fiktionen zur Beendigung von Geschichte, mühsam erarbeitete Verzweiflung, Literatur als das einzige, was es auf der Welt gibt, und das Abnehmen von Brillen – es geht, kurz gesagt, um einen Blick auf die Welt, bei dem nicht ganz zufällig Arno Schmidt (wie auch James Joyce) ins Spiel kommen muß:

„Dann sagte Renzi noch einmal, daß es ihm unglaublich vorkam, daß ich Joyce kennengelernt hatte. Nun ja, kennenlernen, was man so kennenlernen nennt. Ich habe ihn in Zürich ein paarmal gesehen. Er sprach wenig, fast nichts; er kam in eine Kneipe, in der Schach gespielt wurde, und las eine irische Zeitung, die man dort bekam, er setzte sich in eine Ecke und fing an, sie mit einer Lupe zu lesen, das Papier ganz nah vorm Gesicht, er ging die Seiten mit nur einem Auge durch, dem linken. Er saß stundenlang da, trank Bier und las die Zeitung von der ersten bis zur letzten Zeile, sogar die Werbung und die Todesanzeigen, alles; hin und wieder lachte er vor sich hin, ganz eigentümlich, es war eher ein Säuseln als ein Lachen. Einmal fragte er mich, wie ‚Schmetterling' auf polnisch hieße, ich glaube, es war das einzige Mal, daß er mich direkt ansprach. Ein anderes Mal hörte ich, wie er einen Wortwechsel mit einem Franzosen hatte, der ihm sagte, er hielte den *Ulysses* für ein triviales Buch. Ja, sagte Joyce. Er ist ein wenig trivial und auch ein wenig cuatrivial. Im Ernst?, sagt Renzi. Genial. Besucht hat ihn dann ein Freund, Arno Schmidt, ein bemerkenswert scharfsinniger Kritiker, der im Krieg umgekommen ist. Eines Abends nahm er allen Mut zusammen und fragte ihn, ob er ihn besuchen dürfe. Und wozu?, fragte Joyce. Nun, sagte Arno, ich bin ein großer Bewunderer Ihrer Bücher, Mr. Joyce, ich würde, ich würde gerne mit Ihnen sprechen. Kommen Sie morgen um fünf bei mir zu Hause vorbei, sagte Joyce zu ihm. Arno verbrachte die Nacht damit, eine Art Fragebogen zu erstellen, er war äußerst nervös, so als müßte er zu einer Prüfung gehen. Am besten gehen wir auf die andere Straßenseite, sage ich zu Renzi. Joyce selbst hat ihm die Tür geöffnet, das Haus war wie ausgeräumt, es waren kaum noch Möbel da, in der Küche briet Nora eine Niere in der Pfanne und Lucy betrachtete ihre Zähne im Spiegel; sie durchquerten einen ewig langen Flur und dann ließ Joyce sich in einen Stuhl fallen. Es war die Hölle. Arno wiederholte, daß er ein großer Bewunderer seines Werks sei, daß die Epiphanien der erste Schritt nach vorne in der Technik der Kurzgeschichte seit Tschechow seien, all diese Dinge, und irgendwann sagte er, daß Stephen Daedalus eine Figur von der Größe Hamlets wäre. Von wessen Größe?, unterbrach ihn Joyce. Was wollen Sie damit sagen? Wahrscheinlich war Hamlet klein und dick, sagt er zu ihm, wie alle Engländer im sechzehnten Jahrhundert. Stephen hingegen ist ein Meter achtundsiebzig groß, sagte Joyce. Nein, sagte Arno, ich meinte, eine Figur, auf der Höhe des Hamlet, eine Art jesuitischer Hamlet. Und es gibt auch, sagt Renzi, eine Art Kontinuität: der junge Ästhet, nicht wahr, der nichts anderes tut als inmitten seiner Träume zu leben, und anstatt zu schreiben seine Zeit damit verbringt, Theorien vorzubringen, sagt Renzi. Ich sehe eine Art Linie, sagt er, Hamlet, Stephen Daedalus, Quentin Compson. Quentin Compson, die Figur von Faulkner, erklärte Renzi. Gut, also Arno sagte das zu ihm und ich vermute, noch ein paar andere Sachen, und Joyce sagte nichts. Er sah ihn an und hin und wieder fuhr er sich mit der kraftlosen Hand über das Gesicht, so. Das ist der Boulevard, sage ich, wir kommen jetzt auf die Plaza und dann sind wir am Hotel. Und dann?, fragte Renzi. Dann fängt Arno an, ihm direktere Fragen zu stellen, also Fragen, die er einfach beantworten mußte. Zum Beispiel: Gefällt Ihnen Swift? Was halten Sie von Sterne? Haben Sie Freud gelesen? Dinge dieser Art, und Joyce antwortete mit Ja oder Nein und schwieg. Ich erinnere mich an einen Dialog, ich glaube, es ist einer der wenigen Dialoge, die sie während des ganzen Gesprächs führten. Arno erzählte das sehr witzig. Was halten Sie von Gertrude Stein, Mr. Joyce?, sagt Arno zu ihm. Von wem?, fragt Joyce. Von Gertrude Stein, der amerikanischen Schriftstellerin, kennen Sie ihr Werk?, sagt Arno zu ihm, und Joyce verharrt einen unendlichen Augenblick in völliger Reglosigkeit, bis er schließlich sagt: Wie kann man nur auf die Idee kommen, sich Gertrude zu nennen? In Irland geben wir Kühen diesen Namen, danach schweigt er fünfzehn Minuten lang, und damit war das Gespräch beendet. Die Welt bedeutete ihm einen Scheißdreck, sagt Renzi. Joyce, meine ich. Er kümmerte sich einen Scheißdreck um die Welt und seine Umgebung. Im Grunde hatte er recht. Gefällt Ihnen sein Werk?, sage ich. Das von Joyce?"

Am Ende wird dann gar eine historische Begegnung von Kafka und Hitler rekonstruiert (die Begegnung von Schmidt und Joyce ist also nicht die einzig erstaunliche in diesem Buch); „Kluge, ein geduldiger und sehr scharfsinniger Forscher, lüftet gegen 1935 das Geheimnis um das von Hitler so sorgfältig vertuschte Verschwinden."

Almeida Faria (* 1943)

Lusitânia
(1980)

Fragmente einer Biografie
(Auszüge aus *Lusitânia*, 1980)

Der Portugiese Faria, der heute in Lissabon eine Professur für Ästhetik und Philosophie innehat, debütierte früh schon als Erzähler, außerdem hat er als Übersetzer gearbeitet, unter anderem aus dem Deutschen (so übertrug er einen Gedichtband Hans Magnus Enzensbergers ins Portugiesische), weswegen es für seinen Zugang zum Werk Arno Schmidts zumindest keine unüberwindlichen Sprachbarrieren geben dürfte.

1980 erschien als Frucht einer Gastautorschaft Farias in Berlin das schmale Bändchen *Fragmente einer Biografie* in der Edition des Literarischen Colloquiums Berlin; darin findet sich diese Passage: „Unter dem Deckel, zwischen Schaumgummikissen gebettet, ein riesiges Buch. Das Buch, in einem Beutel aus Folie oder ähnlichem, im Vakuum, Art Parmaschinken: Zettels Traum. Dieser Traum aus Zetteln auf 1350 Giganten-Typoskript-Seiten, vom Format 32,5 x 44 cm, wiegt 9 Kilo und wird wohl gerade zwischen die Lehnen des Flugzeugsitzes passen, wenn ich ihn auf dem Rückflug auf den Knien halte, um nicht zu riskieren, ihn samt Koffer zu verlieren. Jetzt denke ich, daß meine Reise nach Venedig von den Gesetzen des Zufalls geplant wurde, um mich dieses Mammut an einem Morgen mit schlechtem Wetter im Kanal finden zu lassen. Sein Autor, mit dem Vornamen eines italienischen Flusses, wohnt in der Lüneburger Heide, die der ‚ausgestoßene' Beckett verabscheut. Es hat sechs Jahre gebraucht, um geschrieben zu werden, es ist mein Brevier geworden, ich vergnüge mich damit, Zitate, Rätselhaftes, Ungereimtes zu dechiffrieren. Auf Frau Shandy, die Dir von der Uni her bekannt sein dürfte, wird in einer Randglosse auf Zettel oder Seite 1150 hingewiesen, Poe und FW sind weitere Stars."

Bei den *Fragmenten einer Biografie* handelt es sich um Teile des (komplett leider nicht deutsch veröffentlichten) Romans *Lusitânia*, der den dritten Teil einer Romantetralogie darstellt. In diesem Roman taucht Arno Schmidts Monsterroman *Zettel's Traum* noch einmal auf, als der Ich-Erzähler nämlich bei der Zwischenlandung in Zürich das Grab von „mestre Joyce" aufsucht und dafür das unhandliche Buch am Flughafen deponieren muß, was nicht ohne Komplikationen vonstatten geht.

Julián Ríos (* 1941)

Amores que atan o Belles letres
(1995)

Wer an spanischsprachige Literatur denkt, denkt oft zuvorderst an lateinamerikanische Autoren, aber ein bißchen ungerecht ist das schon, denn auch Spanien selbst hat nicht eben wenig zu bieten. Das mag nicht zuletzt daran liegen, daß man auf der iberischen Halbinsel oft im rechten Moment Kapital aus der Rezeption fremdsprachiger Literaturen zu schlagen vermochte. Die erste Ausschnittübersetzung aus dem Joyceschen *Ulysses* überhaupt erschien 1925 in Spanien: verfertigt von Schriftstellern der sogenannten „Nós-Generation", einer galizischen Autorengruppe, die Joyce sinnigerweise vor allem als Vertreter des britisch unterdrückten Irland las.

Und eben auch Arno Schmidts Werk ist in der Literatur beider iberischer Staaten auf fruchtbaren Boden gefallen, speziell in der Generation der zwischen 1930 und 1945 geborenen Autoren. In Portugal ist es der fulminante und seit etlichen Jahren zunächst bei Hanser, später bei Luchterhand auch in deutschen Übersetzungen verlegte Romancier António Lobo Antunes, der es einmal in einem Interview bedauerte, daß Arno Schmidt und Peter Weiss keine Portugiesen gewesen seien; und in der spanischen Literatur sind es gleich zwei wortgewaltige Autoren dieser Generation, die sich zu Schmidt bekannt haben: Juan Goytisolo und Julián Ríos. Goytisolo braucht man inzwischen wohl nicht mehr umständlich vorzustellen; seine Romane sind auf deutsch bei Suhrkamp im Programm, und die Autobiographie *Jagdverbot* ist bei Hanser zu haben. Weniger weiß das deutsche Publikum leider von Ríos, von dem der Aufbau-Verlag gerade mal ein einziges Buch in deutscher Übersetzung vorlegte: *Hüte für Alice*, ein Werk, für das Ríos sich von Lewis Carroll hat inspirieren lassen. Bei Suhrkamp soll man ein Weilchen emsig über eine deutsche Übersetzung von *Larva* (1983), Ríos' wichtigstem Roman, nachgedacht haben, wenn auch leider ohne positiven Ausgang; dem Schmidtianer mag das Wasser im Munde zusammenlaufen, wenn er hört, daß es sich bei *Larva* um Ríos' Umschrift des Shakespeareschen *Sommernachtstraums* handelt, der immerhin auch eine Grundlage von Schmidts Großroman *Zettel's Traum* bildet; konkrete Bezugnahmen auf Schmidt sind allerdings in *Larva* nicht zu finden. Dem Schmidt-Spezialisten sollte Julián Ríos eigentlich auch schon aus der Schmidt-Nummer der *Review of Contemporary Fiction* ein Begriff sein, in der ein Dialog über Schmidts Werk aus seiner Feder in englischer Übersetzung erschien; zudem hat Ríos in Spanien eine Reihe von werbenden Aufsätzen über Arno Schmidt publiziert. Bevor er selbst zum ambitionierten Romanschriftsteller wurde, war Ríos Verlagslektor und hat sich in dieser Eigenschaft ab Mitte der 70er Jahre um Schmidt bemüht, ihn sogar (vergebens) kontaktiert, um ihn zur Mitarbeit an der Zeitschrift *Espiral* zu bewegen, und schließlich von Schmidts Verleger die Übersetzungsrechte an mehreren Büchern erworben, woraus 1978 die spanische Ausgabe von *Aus dem Leben eines Fauns* und 1984 die Übersetzung von *Das steinerne Herz* hervorging. Zudem hat Ríos einige mit ihm in Verbindung stehende Kollegen mit seiner Schmidt-Begeisterung angesteckt, so den Mexikaner Carlos Fuentes und sehr viel später Fernando Aramburu, der dann sogar zum Schmidt-Übersetzer wurde.

Mitte der 90er Jahre arbeitete Ríos an einem Romanprojekt, das *Belles Letres* überschrieben und alphabetisch gegliedert war; jeder Textteil war als Hommage an eine literarische Frauengestalt angelegt, deren Name mit dem jeweiligen Buchstaben beginnt. Als Vorgeschmack las Ríos im Juni 1994 in Sevilla beim Internationalen Joyce-Symposium den Text „M", bei dem es sich um eine recht deftige Variation des Bewußtseinsstroms der Molly Bloom aus dem Joyceschen *Ulysses* handelt. (Das deutsche Publikum, ausnahmsweise einmal im Vorteil, konnte diesen Text schon drei Jahre zuvor in Norbert Wehrs *Schreibheft* 38 vorkosten.) Bei sotaner Lage der Dinge lag natürlich die Frage nahe, ob denn wohl auch eine Schmidt-Gestalt in *Belles Letres* eine angemessene Rolle spielen würde. Ich muß gestehen, daß ich ganz vergaß, diese Frage zu stellen, als ich in Sevilla ein bißchen mit Ríos ins Plaudern kam – aber keine Angst, es wurde kein Schaden angerichtet. Ríos kam nämlich von selbst schon auf dieses Thema zu sprechen und verriet mir die frohe Kunde: einer der Buchstaben in *Belles Letres* würde eine Schmidt-Hommage sein. Und zwar welcher Buchstabe? Das „P"; man möge dreimal raten, um wen es sich dreht. Richtig: die göttliche Pocahontas hatte es wie so manchem auch Julián Ríos angetan; Rattatá Rattatá Rattatá.

Das Alphabetbuch erschien dann 1995 in Spanien unter dem modifizierten Titel *Amores que atan o Belles letres*, und die Vorfreude war groß, als der Verlag DuMont 2000 eine deutsche Ausgabe des Buches unter dem Titel *Liebe als schöne Kunst* ankündigte – die Enttäuschung aber um so größer, als dieses Buch erst auf 2001 verschoben wurde und dann gar nicht erschien, sondern wieder gestrichen wurde mit der Begründung, es gebe da unlösbare Übersetzungsschwierigkeiten. Immerhin gelang es Jörg Drews schließlich, dem Herausgeber der Schmidt-Zeitschrift *Bargfelder Bote*, Ríos das „P"-Kapitel zu entlocken, das von Elke Wehr so übersetzt wurde, wie es einer Hommage an die Titelheldin von Schmidts Erzählung „Seelandschaft mit Pocahontas" wohl geziemt. Und so sind wir dann doch noch – in der Lfg. 287-288 (2003) des *Bargfelder Boten* – in den Genuß gekommen:

„Rothaut, bäuchlings ausgestreckt im Paddelboot, lang, wie sie war (sechs Fuß! – ja, ich übersetze: 1,83!), während ich ihr die langen Stelzen hfhfhfhforsichtig mit Nivea einrieb. Brennend, wie ihre spitzen Schultern und das schmale, rot glühende Brett ihres Rückens. Sie wandte mir ihr scharfes Irokesenprofil zu und biß sich auf den Strich ihrer zusammengepreßten Lippen. Zwischen hfhfhf und aaachch. Und dabei war sie braun.

Ah, gut eincremen. Die Schachtel auskratzen. Pocahonorier erst mal ihre Adlernase. Oder eher Eulennase. Rille der Brille auf dem Höcker. Zwei glühende Kohlen die Augen. Auch ich (nach unserer langen Sonnenwonne) hatte meinen Teil Sonne abbekommen. Danach wäre ich an der Reihe ... ich schmier dich ein – aber es würde keine Creme mehr übrig sein. Die rote Insignie der Hitze auf meinen Knien. Die scharlachrote Lepra meiner Schenkel. Kein Sehen, Fhfhorsichth!, noch Hören ... (Ihr Schrei im Wasser ...). / Moorpiktografik. Eine Welt aus Zeichen der Dümmersee. Schwanenzeichensee: V, Vogelflug, Schwäne der Dämmerung. Oder gar Gänse oder andere Schwimmvögel? Ich war kein begeisterter Vogelkundler wie der Vater meines Feriengefährten Erich. Der hätte das Fernglas des alten Kendziak mitbringen sollen. Erich schon weit, im anderen Boot, mit der Freundin meiner Rothaut. Und diese mit ihrem knochigen Rücken an meiner Brust, während ich weiter die Seelandschaft ausspähte. S, die Silhouette des Haubentauchers fast wie das S unseres Leihbootes: S 5, schwarz auf weiß. ¡¡¡¡¡..., die Reihe der Kücken, die aus dem Rohrdickicht kommen. Und zwei Enten, auf das Boot zu: 22. Und drei, die große Schwalbe, die flach übers Wasser flitzert: 3. Und ihre – ragenden – Füße (Größe 43!) zwei große Wunderwerke am Bug." Und so weiter.

Ercole Lissardi (* 1950)

Aurora lunar
(1996)

Últimas conversaciones con el fauno
(1997)

Evangelio para el fin de los tiempos
(1999)

Acerca de la naturaleza de los faunos
(2006)

Jener uruguayische Essaysist und Romancier, der unter dem Pseudonym Ercole Lissardi veröffentlicht, widmet sich in Theorie und Praxis vorrangig der Erotik in der Literatur. Seinen Blog <http://blogs.montevideo.com.uy/lissardi>

betitelt er „El Diario de un erotómano", und am Museo de Arte Latinoamericano de Buenes Aires (Malba) hält er Kurse ab über die „Lage der erotischen Literatur in der westlichen Kultur", dies bezeichnenderweise unter dem Titel „El paradigma fáunico" („Das faunische Paradigma"). Folgerichtig findet sich in der Literaturliste des Seminars Arno Schmidts Roman *Aus dem Leben eines Fauns* in der Übersetzung von Luis Alberto Bixio unter dem Titel *Momentos de la vida de un fauno*. Lissardis „faunisches Paradigma" beruft sich so offen auf Schmidt, daß über den Hintergrund des Titels von Lissardis 1997 erschienenem zweiten Roman *Últimas conversaciones con el fauno* kaum noch ein Zweifel bestehen dürfte – und falls doch, so räumt Lissardi diesen Zweifel in seinem Blog-Posting vom 17. Februar 2010 aus, indem er sich unter der Überschrift „Lolitas" mit Nabokovs *Lolita* und eben Schmidts *Faun*-Roman auseinandersetzt. Als den Kern von Schmidts Roman definiert er in diesem Posting „la dimensión fáunica de la personalidad humana" (also „die faunische Dimension der menschlichen Persönlichkeit"), und er bekennt ausdrücklich, mit *Últimas conversaciones con el fauno* gezielt daran angeknüpft zu haben.

Aber dies ist nicht Lissardis einziger Roman, der mit Schmidt zu tun hat. In seinem ersten Roman *Aurora lunar* erscheint mehrfach die Formulierung „el bueno de Arno" („das Gute von Arno"), mindestens einmal gefolgt von einem Schmidt-Zitat: „Luego la lupa [...] y debajo de la lupa el mapa en la escala 1:100.000; los delgados trozos cortados indicaban ..."; dies ist eine Stelle aus Bixios *Faun*-Übersetzung, die in Schmidts Original lautet: „*Dazu die Lupe:* und darunter die Hunderttausender Karte: die dünnen Bergschraffen zeigten auf [Höhenpunkte]". Es ist klar, daß *Aus dem Leben eines Fauns* für den literarischen Erotomanen Lissardi ein Höhepunkt in Schmidts Schaffen (und darüber hinaus) sein muß.

Aber Lissardi hat auch andere Texte Schmidts rezipiert, wie sich wieder anderswo zeigt. In seinem vierten Roman *Evangelio para el fin de los tiempos* beruft er sich vor allem auf „Schwarze Spiegel" (das eine Figur zu übersetzen versucht), erwähnt aber auch wieder den *Faun* und außerdem *Die Gelehrtenrepublik* und *Das steinerne Herz* (also die drei Romane Schmidts, die zu dieser Zeit schon in spanischer Sprache vorliegen und folglich von keiner Figur mehr übersetzt werden müssen); klar ist aber, daß in einem „Evangelium für das Ende der Zeiten" (so übersetzt der Titel von Lissardis Roman) Schmidts Postapokalypse „Schwarze Spiegel" die erstrangige Referenz darstellt. Und in *Acerca de la naturaleza de los faunos*, einem als angebliches privates Tagebuch angelegten, aber wohl auch als Fiktion zu lesenden weiteren Buch, in dem Lissardi der westlichen Idealvorstellung von der reinen Liebe noch einmal ausführlich sein eigenes Konzept, das „faunische Paradigma", gegenüberstellt, finden wiederum *Gelehrtenrepublik*, *Aus dem Leben eines Fauns* und *Das steinerne Herz* als literarische Bezugstexte Erwähnung. Weiteres mag in weiteren Veröffentlichungen Lissardis zu entdecken sein – da sein Werk weder in deutscher noch in englischer Übersetzung vorliegt, ist das nicht ganz einfach zu recherchieren.

Roberto Bolaño (1953-2003)

Amuleto
(*Amuleto*, 1999)

Im Werk des Chilenen Roberto Bolaño, der teilweise in Mexiko aufwuchs (und dort 1968 als Halbwüchsiger das Massaker an Arbeitern und Studenten miterlebte), aber 1973 aus Begeisterung für den sozialistischen Präsidenten Allende nach Chile zurückkehrte und im Laufe des folgenden Militärputschs einige Tage interniert wurde, bevor er das Land verlassen konnte, spielen Deutschland und deutsche Figuren eine zunächst schwer erklärbare prominente Rolle, die ihren Hintergrund keineswegs in der Biographie des Autors hat. Seit 1977 lebte er durchgängig in Spanien, zunächst von Gelegenheitsjobs, erst in seinen letzten Lebensjahren, als sich ein gewisser schriftstellerischer Erfolg einstellte, vom Schreiben. Nach Deutschland kam er lediglich gelegentlich im Rahmen von Lesereisen, und auch dies eben erst in den letzten Lebensjahren. Von der Website <www.wilde-leser.de> nach den Gründen der seltsamen Faszination fürs Deutsche befragt, verrät Bolaños erster deutscher Übersetzer Heinrich von Berenberg: „Der starke Bezug zum deutschen Raum hat zwei Gründe. Der erste ist phonetischer Natur: Als ich mit Roberto die ersten Lesungen in Deutschland machte, konnte ich immer wieder erleben, daß er von der vollkommen seltsamen phonetischen Struktur der deutschen Sprache begeistert war. Er fand das einen Witz. Konnte sehr darüber lachen. Seine Kenntnis der deutschen Literatur war so lückenhaft wie die Übersetzungen ins Spanische. Von der zeitgenössischen kannte er nichts, aber das interessierte ihn auch nicht so. Thomas Bernhard, der von Miguel Sainz großartig übertragen worden ist, hatte er gelesen. Seine zweite wichtige Quelle für alles Deutsche war glaube ich Lloret de Mar und überhaupt der Billig- und Freak-Tourismus an der Costa Brava, der Roberto immer viel mehr interessierte als Touristen, die sich Kirchen und alte Steine anschauen wollen. Es gibt einen sehr schönen

Text über Blanes, seinen Heimatort, in dem das vorkommt. Während seiner Zeit als Camping-Wächter ist er viel in Kontakt mit diesen Leuten gekommen."

In Rahmen dieser einerseits phonetisch und andererseits freaktouristisch grundierten Faszination fürs Deutsche taucht Arno Schmidt im Roman *Amuleto* zum wohl ersten Mal in Bolaños Werk auf. *Amuleto* ist ein mit phantastischen Elementen angereicherter Roman über die gewaltsame Niederschlagung der Studentenproteste an der Universität von Mexiko-Stadt im September 1968, erzählt aus der Perspektive einer Frau, Auxilio Lacouture, die sich als „Mutter der mexikanischen Poesie" sieht und zwei Wochen lang auf einer Damentoilette der Fakultät für Philosophie und Literatur festsitzt und in ihren Gedanken Zukunft und Vergangenheit miteinander überblendet.

Im fortgeschrittenen Stadium des Monologs dieser faszinierenden Figur kommt es zu einer auf literarische Namen fixierten zweifelhaften Zukunftsvision: „Im Jahre 2150 ist Majakowski wieder groß in Mode. Im Jahre 2124 wird James Joyce als chinesisches Kind wiedergeboren. Im Jahre 2101 wird sich Thomas Mann in einen ecuadorianischen Apotheker verwandeln." Aber: „Von 2033 an wird Marcel Proust für eine schrecklich lange Zeit in Vergessenheit geraten. Ezra Pound wird 2089 in einigen Bibliotheken verschwinden. Vachel Lindsey wird im Jahre 2101 ein massenhaft gelesener Dichter sein." Dann wieder: „Virginia Woolf wird im Jahre 2076 in der Gestalt einer argentinischen Dichterin wiederauferstehen. Louis Ferdinand Celine wird im Jahre 2094 das Fegefeuer betreten. Paul Eluard wird im Jahre 2101 ein massenhaft gelesener Dichter sein." Unter Rückgriff auf einen Begriff, der offensichtlich aus dem *Ulysses* von James Joyce entlehnt ist, wird das alles als Nullsummenspiel erklärt: „Metempsychose. Die Dichtung wird nicht vom Erdboden verschwinden. Ihre Ohnmacht wird auf andere Weise sichtbar werden." Und so kommt auch Arno Schmidt in den Genuß eines imaginierten Nachlebens in ferner Zukunft: „Arno Schmidt wird 2085 der Asche entsteigen. Kafka wird im Jahre 2101 in allen Kloaken und unterirdischen Kanälen Lateinamerikas gelesen werden. Witolt Gombrowicz genießt um 2098 große Anerkennung in den Vorstädten des Rio de la Plata. / Paul Celan wird um 2113 der Asche entsteigen. André Breton wird um 2171 den Spiegeln entsteigen. [...] Mit Anton Tschechow verhält es sich ein bißchen anders. Seine erste Reinkarnation verzeichnen wir im Jahre 2003, dann noch einmal 2010, 2014, und schließlich erscheint er noch einmal im Jahre 2081. Danach nie wieder." Nach Lage der Dinge, das muß man bei sorgsamer Prüfung der (hier nur kurz anzitierten, in Bolaños Buch noch sehr viel längeren) Liste sagen, ist es für Schmidts Nachleben durchaus von Vorteil, daß dieser Autor gerade aus internationaler Sicht eher ein Außenseiter und Geheimtip ist, denn die populären Großschriftsteller der Gegenwart sind diejenigen, denen Auxilio für die Zukunft tendenziell weniger zutraut.

2666
(*2666*, 2004)

Den geradezu sensationellen Erfolg seines monumentalen Romans *2666* konnte Roberto Bolaño selbst leider nicht mehr erleben, geschweige denn genießen, da er schon ein Jahr vor der Veröffentlichung einer Leberzirrhose erlag, bis zuletzt vergebens auf ein Spenderorgan wartend. Der Roman machte seinen toten Autor 2008 nach Erscheinen der amerikanischen Ausgabe im englischsprachigen Bereich zum Kultautor; nach dem Erscheinen der deutschen Ausgabe 2009 fand sich auf der Website <www.wildeleser.de> eine bunt zusammengewürfelte Truppe von Lesern zusammen, die sich im Internet über das Werk des Chilenen austauschen: „In der Anlage vielleicht vergleichbar mit dem ursprünglichen Arno-Schmidt-Dechiffrier-Syndikat spüren wir den versteckten intertextuellen Referenzen, verschleierten Motiven und undurchsichtigen Zusammenhängen der Romane, Erzählungen und Gedichte Bolaños nach." Die Bezugnahme auf die tätige Leserschaft Arno Schmidts ist besonders stimmig, weil Bolaño auch in diesem Roman auf Schmidt hinweist.

2666 dreht sich im Kern um die Suche nach einem angeblichen verschollenen Schriftsteller, der sich unter dem Pseudonym Benno von Archimboldi in die deutsche Nachkriegsliteratur eingeschrieben haben soll; Protagonisten des internationalen Austauschs über diesen Archimboldi, um den sich in seiner deutschen Heimat niemand zu scheren scheint, sind ein Spanier, ein Franzose, ein Italiener und ein Engländer. Man treibt sich viel auf internationalen Literaturtagungen herum, und in diesem Zusammenhang fällt (recht früh im Roman) zum ersten Mal der Name Schmidts:

„Das erste Mal trafen Pelletier, Morini, Espinoza und Norton 1994 auf einem Kongreß zu deutscher Gegenwartsliteratur in Bremen zusammen. Zuvor hatten sich Pelletier und Morini bei den Leipziger Literaturtagen kennengelernt – 1989, die DDR lag in den letzten Zügen – und sich im Dezember desselben Jahres auf einem germanistischen Symposium in Mannheim wiedergetroffen (eine katastrophale Veranstaltung, miserable Hotels, miserables Essen und noch miserablere Organisation). 1990 trafen

Pelletier und Morini bei einer Konferenz über deutschsprachige Gegenwartsliteratur in Zürich mit Espinoza zusammen. Während der Tage der Europäischen Literatur des zwanzigsten Jahrhunderts in Maastricht 1991 sahen Espinoza und Pelletier sich wieder (Pelletier hielt einen Vortrag zum Thema ‚Heine und Archimboldi. Konvergierende Wege', Espinoza hielt einen Vortrag zum Thema ‚Ernst Jünger und Benno von Archimboldi. Divergierende Wege'), und man kann mit einiger Sicherheit sagen, daß von diesem Moment an nicht nur jeder die jeweiligen Veröffentlichungen des anderen las, sondern daß sie auch Freunde wurden oder daß zwischen ihnen so etwas wie freundschaftliche Bande entstanden. Auf der Tagung deutscher Literatur in Augsburg 1992 trafen Pelletier, Espinoza und Morini erneut zusammen. Die drei präsentierten neue Forschungen zu Archimboldi. Monatelang war die Rede davon, daß Benno von Archimboldi plane, persönlich zu der Großveranstaltung zu erscheinen, die neben den üblichen Germanisten auch eine ganze Reihe deutscher Schriftsteller und Dichter versammeln sollte. Im letzten Moment jedoch, zwei Tage vor der Veranstaltung, traf ein Telegramm von Archimboldis Verlag ein, das sein Fernbleiben zu entschuldigen bat. Außerdem wurde die Tagung ein Reinfall. Pelletiers Ansicht nach war das einzig Interessante der Vortrag eines alten Berliner Professors über das Werk Arno Schmidts (noch ein vokalisch endender deutscher Männername), sonst kaum etwas, eine Ansicht, die Espinoza vollkommen und Morini ansatzweise teilte."

Das ist nicht viel, aber immerhin wird „das Werk Arno Schmidts" mit der Vokabel ‚interessant' konnotiert, ist also keineswegs Teil des Reinfalls. Und rund 150 Seiten weiter im Text werden wir noch einmal fündig:

„Als Amalfitano ihnen erzählte, daß er im Jahr 1974 für einen argentinischen Verlag *Die grenzenlose Rose* übersetzt hatte, änderte sich die Meinung der Kritiker. Sie wollten wissen, wo er Deutsch gelernt hatte, wie er auf das Werk von Archimboldi gestoßen war, welche Bücher er von ihm kannte, was er von ihm hielt. Amalfitano sagte, er habe Deutsch in Chile gelernt, in der Deutschen Schule, die er ab der ersten Klasse besuchte, bis er mit fünfzehn aus Gründen, die nichts zur Sache täten, auf ein öffentliches Gymnasium wechselte. Wenn er sich recht erinnerte, sei er mit zwanzig erstmals mit dem Werk Archimboldis in Berührung gekommen, damals lieh er sich in einer Santiagoer Bibliothek und las auf Deutsch: *Die grenzenlose Rose*, *Die Ledermaske* und *Flüsse Europas*. In der Bibliothek gab es nur diese drei Bücher sowie *Bifurcaria Bifurcata*, das er auch angefangen hatte, aber nicht zu Ende lesen konnte. Dieser öffentlichen Bibliothek war der Besitz eines Deutschen zugutegekommen, der eine Unmenge Bücher in seiner Muttersprache gesammelt und nach seinem Tod seiner Gemeinde im Santiagoer Stadtteil Ñuñoa vermacht hatte."

Und dann weiter: „Selbstverständlich hatte Amalfitano eine gute Meinung von Archimboldi, wenngleich er ihn bei weitem nicht so verehrte wie die drei Kritiker. Amalfitano hielt ihn zum Beispiel für gleich gut wie Günter Grass oder Arno Schmidt. Auf die Frage der Kritiker, ob die Übersetzung seine Idee gewesen sei oder ob der Verlag ihm den Auftrag gegeben habe, sagte Amalfitano, wenn er sich recht erinnere, sei die Idee vom argentinischen Verlag selbst gekommen. In jener Zeit, sagte er, habe ich so viel übersetzt, wie ich konnte, und arbeitete nebenher noch als Korrektor. Seines Wissens sei die Ausgabe ein Raubdruck gewesen, obwohl ihm dieser Gedanke erst viel später gekommen sei und er das nicht beweisen könne."

Spätestens beim Stichwort „Raubdruck" keimt der Verdacht, die Nennung Schmidts müsse wohl mehr sein als bloßes Namedropping, ist doch Schmidts Spätwerk eng mit diesem Thema verknüpft – Schmidts *Zettel's Traum* wurde 1970 Gegenstand des sicherlich berühmtesten (und berüchtigsten) Raubdrucks zumindest der neueren deutschen Literaturgeschichte.

Juan Goytisolo (1931-2017)

Gläserne Grenzen
(*Pájaro que ensucia su propio nido*, 2001)

Auf der Frankfurter Buchmesse 1983 überraschte der spanische Romancier Juan Goytisolo im Gespräch den Kritiker und Schmidt-Experten Jörg Drews mit dem Satz: „Arno Schmidt ist für mich einer der wichtigsten Prosaschriftsteller in Europa nach 1945." Überraschend für Drews war das damals, weil diese Wertschätzung den bis dahin vorliegenden Büchern Goytisolos so nicht unbedingt abzulesen war, aber Wertschätzung bedeutet naturgemäß noch nicht unbedingt Nachahmung. Eine offene Bezugnahme auf Schmidt ist in Goytisolos Romanwerk nicht zu finden – aber in seinen Essays fällt von den 80er Jahren an immer wieder der Name des geschätzten deutschen Kollegen, und zwar immer in einer Reihe mit äußerst illustren Autorennamen: 1985 (in seiner Essaysammlung *Contracorrientes*) nennt Goytisolo ihn in einem Atemzug mit Joyce und Céline, 1992 (in einem Interview mit Marie-Lise Gazarian-Gautier) führt er Joyce, Schmidt und Carlo Emilio Gadda und in einem Nachsatz noch Guillermo Cabrera Infante and Julián Ríos als revolutionäre Sprachkünstler an, 2000 (in einem Text für die UNESCO) zählt er als innovativste Erzähler des 20. Jahrhunderts Joyce,

Céline, Schmidt, Gadda, João Guimarães Rosa und Cabrera Infante auf, und 2003 (in seinem Buch *España y sus ejidos*) definiert er die Moderne mit den drei Namen Joyce, Pound und Schmidt. Die Essays und Interviews, in denen dies geschieht, erscheinen meist in spanischer, bisweilen in französischer, einmal in englischer Sprache, nur das deutschsprachige Publikum bekommt das alles nicht recht mit – bis 2004, als Goytisolos Essayband *Pájaro que ensucia su propio nido* in deutscher Übersetzung als *Gläserne Grenzen* erscheint. Darin findet sich unter anderem folgender Passus:

„Meine Welt [...] befindet sich weit verstreut in einer Konstellation literarischer Anomalien und Ausnahmen fern aller Moden und Gesetze der Zeit; verstreut über die Friedhöfe, auf denen Schriftsteller, die frisch und munter weiterleben, mir auch nach Jahrhunderten noch mit ihrem Lichte leuchten – nur nicht auf der Bühne des großen Spektakels, wo gesichtslose Schatten nicht den Hauch einer Spur hinterlassen. Diese Gemeinschaft der Toten mit den Lebenden kraft des geschriebenen Wortes kennt weder Grenzen noch Epochen. Sie vereint mich mit den Autoren, die ich bereits nannte, aber auch mit anderen aus den verschiedensten Kulturen und Räumen: mit Ibn Arabi und Ibn al-Farid, mit Rabelais, Swift, Flaubert und Bely, mit Svevo und Céline, Arno Schmidt und Lezama Lima. Ihr Glanz begleitet mich, wo immer ich bin in dieser Welt der flüchtigen Phantome, der Welt unser geschwätzigen und mediokren zeitgenössischen Literatur."

Und dann noch einmal an anderer Stelle: „Bei verschiedenen Gelegenheiten habe ich drauf hingewiesen, daß einige besonders gehaltvolle und bedeutsame Romane des zwanzigsten Jahrhunderts im Grunde von ihren Autoren laut vorgelesen werden müßten, es wäre die ideale Lektüre. Prosodie, Rhythmus und Emphase kämen so, wie in der Zeit vor Gutenberg, erst richtig zur Geltung. Ich mag hier nicht all jene auflisten, die zu dieser Gruppe gehören, und will mit Joyce, Céline, Carlo Emilio Gadda, Arno Schmidt und Guimarães Rosa nur die bereits Verstorbenen erwähnen. Die meisten meiner Romane, von *Don Julián* bis heute, verstehen sich in diesem Sinne."

Marcelo Rezende (* 1968)

Arno Schmidt
(2005)

Der Brasilianer Marcelo Rezende ist von Haus aus nicht Schriftsteller, sondern Kunst- und Literaturkritiker und Ausstellungsmacher; von 2012 bis 2015 war er Direktor des Museums für moderne Kunst in Bahia, in dieser

Zeit fungierte er auch als Direktor der dritten Bienal da Bahia (2014), einer Serie von Ausstellungen, Debatten, öffentlichen Kunstprojekten und sonstigen Veranstaltungen, in deren Rahmen auch Fotografien von Arno Schmidt gezeigt wurden. Rezende lebt zeitweise in Berlin, was vielleicht einiges erklärt.

2005 erschien Rezendes bisher einziger Roman unter dem ebenso schlichten wie erstaunlichen Titel *Arno Schmidt*. Zum Hintergrund erläutert der Autor: „Meinen ersten Kontakt mit Arno Schmidt hatte ich nicht mit seiner Literatur, seiner Zeit oder seinen Ideen, sondern mit seinem Bild – dem Foto eines auf einer Wiese sitzenden jungen Mannes in einer ebenso arroganten wie schüchternen Haltung, veröffentlicht in einer französischen Zeitschrift, die sich vor allem mit den Tendenzen der internationalen Popmusik beschäftigte. Am Anfang, in diesem vagen, den Beginn einer Beziehung kennzeichnenden Moment, war ich vor allem von seinem Namen beeindruckt: nostalgisch, dynamisch, umgeben von ‚Emanationen' einer Sprache und einer Nation. Das war in São Paolo, und ich war in dem Alter, in dem die Unruhe der Jugend eher durch Mysterien zufriedengestellt wird als durch irgendeine reelle, tatsächliche Entdeckung. Dann eine erneute Begegnung ein Jahrzehnt später, in Paris, während eines Sonntagsspaziergangs an einem Herbsttag. Und wieder eine Offenbarung: am Stand eines Buchhändlers, in einem Stapel gelesener, abgenutzter und dreckiger Bücher, der Roman *Leviathan*. Auf dem Umschlag derselbe Mann, dieselbe Haltung, derselbe Blick wie auf dem Foto, das ich zehn Jahre zuvor gesehen hatte."

Schmidt war so gesehen für Rezende schon ein Einfluß, bevor er etwas von ihm las – aber er las ihn dann doch auch, in den französischen Übersetzungen Claude Riehls: „Während der fünf Jahre meiner ‚Pariser Zeit' bestand bei den Franzosen Interesse, Neugier und Überraschung bezüglich eines Autors ungewohnter Romane, der keine Rücksicht nahm auf die ‚Art und Weise, in der eine Geschichte erzählt werden muß'. In Arno Schmidts Erzählungen existiert immer eine tragische Seite, und gleichzeitig ein Humor, der kontinuierlich zum Lachen bringt. Vor allem aber stellen sie eine große Herausforderung für die Kritik dar, die unfähig ist, ihn in eine historische Avantgarde oder unter die Überschrift ‚experimentell' zu zwingen – die im allgemeinen angewendete Methode, um politische Aspekte eines Werkes auszublenden mit dem Ziel, es im Namen des Formalismus und der ‚Poetik' des Autors zu ‚bereinigen'. Dieser Arno Schmidt läßt sich nicht einordnen, und seine Haltung gegenüber Geschichte, Literatur, Gewalt und Komik eröffnet sich einem im Spiel um die Krise des Romans auf imposante Weise, als Kostbarkeit für Autoren, die unzufrieden sind mit der

Rückkehr zur Ordnung in der Belletristik, und gezwungen, zwischen reinen Marketing-Maßnahmen zu überleben, die vom Autor verlangen, dem Leser zu gefallen, ihn zu trösten oder zu unterhalten, und sonst kaum etwas. / Arno Schmidt war für mich eine Art Freibrief dafür, daß der Roman ungebundener, intensiver und unvorhersehbarer sein konnte, als von den meisten literaturbezogenen Veröffentlichungen, vom Buchhandel und selbst in Büchern behauptet wurde. Außerdem – das vielleicht explosivste Element – eröffnete er die Möglichkeit einer neuen Beziehung zu Deutschland, seiner Vergangenheit und seiner Sprache."

Damit hätten wir die Bereiche beisammen, die in Zusammenhang mit der produktiven Anverwandlung Schmidts im lateinamerikanischen Raum immer wieder auftauchen, wiewohl in wechselnder Gewichtung: „Geschichte, Literatur, Gewalt und Komik". Aber bis zu diesem Punkt geht es nur um etwas, das Rezende gelesen hat. Die Umsetzung folgt in dem, was er schreibt, eben in jenem Roman, den er *Arno Schmidt* betitelt: „Aus Arno Schmidt entsteht *Arno Schmidt*, der Roman. Ist der deutsche Schriftsteller darin eine Figur? Muß man Arno Schmidt gelesen haben, um *Arno Schmidt* zu verstehen? Dies sind einige der Fragen, die nach der Veröffentlichung des Buches in Brasilien im Jahr 2005 auftraten. Die Erzählung, in drei Teile unterteilt, zeigt eine Gruppe von Figuren in einem unbestimmten Land und einer unbestimmten Zeit, die sowohl mit Gewalttätigkeit konfrontiert werden als auch mit einer aufgrund sozialer und wirtschaftlicher Veränderungen völlig zerstörten Subjektivität. Es sind Geister einer in Auflösung begriffenen Welt, Darsteller in einer Dystopie."

Und weiter: „In *Arno Schmidt* steckt viel von Arno Schmidt. Aber dieses ‚Viele' liegt nicht in dem offensichtlichen Zusammenhang, der so sehr ins Auge sticht (der Name als Markenzeichen), sondern vor allem in der Atmosphäre. In *Arno Schmidt* umgibt etwas, ein Dunstschleier, die Figuren und ihre Geschichten, der dem Roman unzählige Möglichkeiten bietet, sofern dieser bereit ist, seine eigene Freiheit zu wagen. Arno Schmidt ist die Weigerung, einer Ordnung zu folgen. Und das ist oft alles, was die Literatur braucht."

Immerhin gibt Arno Schmidt dem Roman Rezendes nicht nur den Titel, sondern in kryptischer Weise ist er auch in manchen Passagen namentlich präsent. So etwa zu Beginn des Abschnitts IV: „Arno Schmidt odeia viagens e viajantes, e ainda assim, seguindo o exemplo de seus companheiros, se preparou, se vestiu, reconheceu a figura diante do espelho, o homem com o binóculo pendurado no peito com o pequeno cordão de couro ao redor do pescoço e o pensamento ausente de toda fantasia, pronto para deixar o porto e encontrar, semanas depois, uma existència toda nova." (Grob übersetzt: „Arno Schmidt haßt Reisen und Reisende, und doch bereitete er sich, dem Beispiel seiner Gefährten folgend, vor, zog sich an, erkannte die Figur vor dem Spiegel, der Mensch mit dem baumelnden Fernglas an der Brust mit der kleinen Lederschnur um den Hals und mit den jeder Phantasie ledigen Gedanken, bereit, den Hafen zu verlassen und dann, Wochen später, eine gänzlich neue Existenz zu finden.")

Rezendes Roman ist der erste in Südamerika (und weltweit), der den Titel *Arno Schmidt* trägt; es bleibt aber nicht der einzige, wie wir noch sehen werden.

Guillermo Piro (* 1960)

Celeste y Blanca
(2009)

Der Argentinier Guillermo Piro hat sich auf vielfältige Weise mit Arno Schmidt beschäftigt, nicht zuletzt als Übersetzer mehrerer Erzählungen und Kurzromane Schmidts ins Spanische (stets in Zusammenarbeit mit Florian von Hoyer). Diverse Artikel Piros über Schmidt erschienen in argentinischen Zeitschriften und Zeitungen (oft in *Perfil*, wo Piro 2011 in einer Rezension Arno Schmidt als „Grammatikmanipulator" auf eine Stufe mit James Joyce, Guillermo Cabrera Infante, Carlo Emilio Gadda und Louis-Ferdinand Céline stellt) und in verschiedenen Internet-Blogs (seinem eigenen unter <http://wimbledonarchivo.blogspot.com>, dem des Clubs literarischer Übersetzer in Buenos Aires unter <http://clubdetraductoresliterariosdebaires.blogspot.com>).

Piro entdeckte Arno Schmidt seinen eigenen Angaben zufolge etwa „1982/83 in Buenos Aires, als ich dort in einer Buchhandlung arbeitete. Ich habe ihn auf Spanisch gelesen, die Minotauro-Ausgabe von *La república de los sabios*. Dann griff ich auf das zurück, was bis zu dem Zeitpunkt übersetzt worden war: *Momentos de la vida de un fauno* und *El corazón de piedra*. Bis in die 1990er Jahre gab es sonst nichts auf spanisch. Aber ich habe einige Jahre in Italien (Mailand) gelebt, und dort fand ich *Alessandro o della verità*, *Il leviatano* und *Tina*. In Buenos Aires zurück, nährte ich mich von den französischen Ausgaben der Schmidt-Bücher in Claude Riehls Übersetzung." Man sieht, die Interkonnektivität der romanischen Sprachen ist durchaus hilfreich. In einem Schmidt-Essay Piros, der 2001 zusammen mit seiner Übersetzung von Schmidts *Tina oder über die Unendlichkeit* gedruckt wird, sagt er aber auch, Schmidt sei „in spanischer Sprache praktisch unbekannt". Im Gespräch erläutert er, in Argentinien gebe es keine Tradition, in die Schmidt einzupassen wäre: „Schmidt ist die Avantgarde der Avantgarde, wenn so etwas möglich ist."

Aber für einzelne Schriftsteller in Argentinien in Schmidt wichtig, und Piro zählt dazu. Einer Literaturreihe, die er selbst im Verlag Corregidor herausgibt, hat er den Reihentitel „Rosas y Puerros" gegeben, eine direkte Übernahme des Titels *Rosen & Porree*, unter dem Schmidt 1959 eine Sammlung von Erzählungen (deren zwei beste Piro ins Spanische übersetzt hat) herausbrachte. Als literarischer Autor hat Piro ab 1988 zunächst eine Reihe von Lyrikbänden publiziert, später auch Romane. Nach dem Einfluß Schmidts auf diese eigene literarische Produktion befragt, bekennt er: „Es gibt keinen Schriftsteller, der mich mehr beeinflußt hat, aber ich muß gestehen, daß ich bis heute nicht in der Lage gewesen bin, ihm die verdiente Ehre zu erweisen. Das, was Schmidt mich lehrt, ist, daß ein Schriftsteller nicht die Wände seiner eigenen Zelle einreißen darf. Meiner Meinung nach benutzt er eine Technik, die man ‚Houdini' nennen könnte. Es handelt sich darum, sich selbst Grenzen zu setzen und Einschränkungen aufzuerlegen, um diese dann zu durchbrechen. Ich identifiziere mich mit der Langeweile, die bei ihm gewisse Vorgehensweisen auszulösen scheinen – ich denke, daß das der Grund ist, warum er ständig in der Art, einen Roman ‚anzugreifen', wechselt, auch wenn es grundlegende Linien und Vorgehensweisen gibt, die er beibehält."

In seinem Roman *Celeste y Blanca* von 2009, so fügt Piro hinzu, habe er Schmidt namentlich erwähnt. Diese Erwähnung hat den Charakter einer offenen Götterbenennung im Rahmen einer selbstreflexiven Passage des wie ein Spiegelkabinett gebauten postmodernen Romans: „Los prejuicios enturbiaban la imaginación de Conrad, de Hemingway y de Greene, tanto como la novela de aventuras de Verne o de Salgari. Y lo único que merece esto son excusas y comentarios jocosos en ronda de amigos. Joyce, Arno Schmidt, Shakespeare, Dante, pese a que proclaman sus fobias con total franqueza, quedan al margen. Mi libro no supone ningún avance. En ello reside su tristeza. ¿Lo ven ahora?" (Eingedeutscht etwa: „Die Vorurteile trüben die Phantasie von Conrad, von Hemingway und von Greene, ebenso wie den Abenteuerroman von Verne oder von Salgari. Und das einzige, was das alles verdient hat, sind Entschuldigungen und Ausreden und scherzhafte Kommentare im Kreis der Freunde. Joyce, Arno Schmidt, Shakespeare, Dante bleiben, obwohl er ihre Phobien mit absoluter Offenheit ausspricht, ausgeschlossen. Darin liegt seine Traurigkeit. Siehst du es jetzt?")

Fernando Aramburu (* 1959)

Viaje con Clara por Alemania
(2010)

Der aus dem Baskenland stammende Spanier Aramburu studierte in Saragossa spanische Literatur und war anschließend maßgeblich an einer zu subversionen Aktionen neigenden Kulturzeitschrift beteiligt. 1984 ging er nach Deutschland und lebt seither in Hannover, anfänglich als Sprachlehrer, später als Schriftsteller und Übersetzer; unter seinen Übersetzungen sind Bücher von Max Frisch und Wolfgang Borchert, vor allem aber legte Aramburu 2006 eine spanische Übersetzung von Arno Schmidts Kurzroman *Brand's Haide* (unter dem Titel *El brezal de Brand*) vor, die zunächst nur mäßige Beachtung fand, aber bei der Neuveröffentlichung 2012 als Teil des Sammelbandes *Los Hijos De Nobodaddy* (entsprechend der deutschen Trilogieausgabe *Nobodaddy's Kinder*) Furore machte, verursacht durch eine enthusiastische Besprechung durch Juan Goytisolo in der spanischen Presse.

Nachdem Aramburu bereits vor seinem Weggang aus Spanien begonnen hatte, Gedichtbände zu veröffentlichen, erschienen ab 1996 neben Kinderbüchern und Sachbüchern bisher neun Romane, von denen zwei auch in deutscher Übersetzung herauskamen, 2000 der umfangreiche Band *Limonenfeuer* (Übersetzung des Erstlingsromans *Fuegos con limón* von 1996) und 2018 unter erheblichem Presseecho *Patria* (im Original unter gleichem Titel 2016), ein ebenfalls recht voluminöser Roman über die politischen Verstrickungen des Baskenlandes, der bereits in Spanien zum Bestseller wurde.

Leider bisher nicht ins Deutsche übersetzt ist ein weniger spektakulärer Roman Aramburus aus dem Jahr 2010, *Viaje con Clara por Alemania*, der sich um eine Deutschlandreise zum Zwecke der Abfassung eines literarischen Reiseführers dreht. Zu den Schauplätzen, die der Erzähler mit der Clara des Titels aufsucht, gehört auch Arno Schmidts Haus im Dörfchen Bargfeld bei Celle; der Besuch gibt dem Erzähler ausgiebig Gelegenheit, besagter Clara Schmidts Werk und Werdegang zu erklären, und im teils recht schalkischen Text treffen Arno-Schmidt-Kenner auf Bekannte der einschlägigen Szene, so etwa „señora Fischer", nämlich die für die Bargfelder Schmidt-Stiftung arbeitende Susanne Fischer, und den US-amerikanischen Schmidt-Übersetzer (als solcher natürlich ein Kollege Aramburus) John E. Woods.

Ramiro Sanchiz (* 1978)

„Malos recuerdos de Thiago Pereira, poeta"
(In *Algunos de los otros*, 2010)

Der Uruguayer Ramiro Sanchiz, nach eigenem Eingeständnis ein begeisterter Leser seines schon genannten Landsmanns Ercole Lissardi, aber auch Roberto Bolaños und internationaler Science-Fiction- und Trashpunk-Schriftsteller, ist (realer) Autor etlicher Romane und Erzählungen. Die 2008 entstandene Erzählung „Malos recuerdos de Thiago Pereira, poeta" dreht sich um einen (fiktiven) Möchtegerndichter, eben Thiago Pereira, der zudem Björk-Übersetzer ist. Der Erzähler gibt ihm an einer Stelle des Textes den guten Rat, die Versuche mit epigonalen Eigenproduktionen sein zu lassen und lieber mal zu schauen, was die wahren Meister machen:

„– Thiago, esto no es más que uno de los miles de escritorzuchos que se hacen los listos porque creen que imitan las cuatro o cinco pavadas que hizo Cortázar en *Rayuela*, y si en él son encantadoras o divertidas, en cualquier otro es pura basura. No me jodas más, andá a leer a Arno Schmidt o a Gaddis." (In notdürftigem Deutsch: „– Thiago, das geht nicht über die Tausende von Autoren, die etwas auf sich halten, weil sie meinen, sie würden die vier oder fünf Kinkerlitzchen nachahmen, die Cortázar in *Rayuela* hingekriegt hat, und wenn man sich dabei auch ganz nett oder lustig anstellt, ist es bei jedem anderen doch reinster Müll. Fick mich nicht mehr, geh und lies Arno Schmidt oder Gaddis.")

Patricio Pron (* 1975)

Der Geist meiner Väter steigt im Regen auf
(*El espíritu de mis padres sigue subiendo en la lluvia*, 2011)

Unter den überraschend vielen auch jüngeren Autoren in Lateinamerika, die sich von Arno Schmidt haben elektrisieren lassen und in ihrem eigenen Werk einen avancierten Literaturbegriff pflegen, ist leider bisher kaum jemand ins Deutsche übersetzt ist (die große Ausnahme natürlich: Roberto Bolaño). Um so freudiger stürzte ich mich auf den Roman *Der Geist meiner Väter steigt im Regen auf* des Argentiniers Patricio Pron. Das Beste an dem Buch ist allerdings, daß es vorderhand mit Schmidt gar nichts zu tun hat, Schmidt scheint lediglich daran mitgewirkt zu haben, im Autor den Willen zu beherzter ästhetischer Frische, zu sprachlichem Tempo und zu einem stets präzisen Blick auf Sprache und Welt zu schüren. Hier wird nicht tiefsinnig geraunt, sondern messerscharfe Spurensuche betrieben, nämlich nach den Hinterlassenschaften einer Elterngeneration, wobei der Erzähler Bücher als das ansieht, „was sie waren: das Einzige, das ich einmal mein Zuhause hatte nennen können, gänzlich Unbekannte dann in jener Zeit der Tabletten und wilden Träume, in der ich mich weder erinnern konnte noch wollte, was zum Teufel ein Zuhause war."

Prons Vorliebe für Schmidt ist also nicht direkt diesem Roman abzulesen, sondern lediglich seinen außerliterarischen Aktivitäten, etwa seiner Tätigkeit als Literaturkritiker (schon im Dezember 2005 veröffentlichte er in der spanischen Tageszeitung *El País* ein ausführliches Gesamtporträt; 2012 rezensierte er ebenfalls in Spanien in *ABC Cultural* sehr einsichtig die von Ríos bevorwortete und von Goytisolo hymnisch besprochene Übersetzung des Sammelbandes *Nobodaddy's Kinder*, verglich darin Schmidt mit Joyce und nahm ihn gegen die Anwürfe von W. G. Sebald wegen der umstrittenen Bombardierungsszene im *Faun*-Roman in Schutz) sowie seinem Blog <www.elboomeran.com/blog/539/blog-de-patricio-pron>.

Patricio Pron hat in Wolfenbüttel geforscht und in Göttingen promoviert, was durchaus als biographische Erklärung für sein Interesse an Schmidt taugt, aber es gibt halt auch eine vernetzte Szene Schmidt-begeisterter Autoren und Intellektueller speziell in Argentinien.

Antonio J. Rodríguez (* 1987)

Fresy Cool
(2012)

Im Erstlingsroman *Fresy Cool* des jungen spanischen Schriftstellers Antonio J. Rodríguez, dessen zuvor nur in Zeitschriften und Anthologien publizierte Erzähltexte an Autoren wie David Foster Wallace geschult sind, findet sich an einer Stelle innerhalb einer universitären Diskussion eine ganz erstaunliche Namensreihung:

„Lothar Lundberg estaba dispuesto a divulgar mi tesis doctoral en el probable caso de mi detención: todo el humanismo germánico de los siglos XIX y XX quedaba allí ecogido. Aquel compendio de más de mil páginas que atravesaba la obra de Alfred Döblin, Benno von Archimboldi, Ernst Jünger, Hans-Jürgen Hollenbach, Arno Schmidt o Unica Zürn, acabaría revestido por un halo de excelencia si lograba el descubrimiento de *Houssaye*, cosa que a mí, pero sobre todo a Lundberg, beneficiaba."

(Übersetzt etwa: „Lothar Lundberg war bereit, im wahrscheinlichen Fall meiner Inhaftierung meine Doktorarbeit preiszugeben: der komplette deutsche Humanismus des 19. und 20. Jahrhunderts hallte darin nach. Dieses Kompendium von mehr als tausend Seiten, das das Werk von Alfred Döblin, Benno von Archimboldi, Ernst Jünger, Hans-Jürgen Hollenbach, Arno Schmidt oder Unica Zürn abhandelte, würde mir am Ende eine Ehrenauszeichnung eintragen, wenn mir die Entdeckung von *Houssaye* gelang, etwas, das dann mir, vor allem aber Lundberg sehr zugute kam.")

Die intrikate Namensreihung der in der Doktorarbeit augenscheinlich behandelten Autoren stellt Schmidt nur scheinbar in den realen Kontext deutscher Nachkriegsliteratur; den eigentlichen Kontext der Stelle definieren die eingestreuten fiktionalen Namen: Benno von Archimboldi ist ein fiktiver deutscher Schriftsteller aus Roberto Bolaños Kultroman *2666* (2004), Hans-Jürgen Hollenbach ist in dem Roman *El comienzo de la primavera* (2008) von Patricio Pron eine ganz ähnliche Figur, nämlich ein mysteriöser Philosoph und Autor eines Buches namens „Betrachtungen der Ungewißheit". Sowohl Bolaño als auch Pron wiederum haben sich – wie gezeigt – in diversen Texten auf Schmidt bezogen, und das alles kann kein Zufall sein. Rodríguez spinnt hier ein intrikates intertextuelles Verweisungsnetz aus, in dem Arno Schmidt ebensolchen Nährwert gewinnt wie eine Fliege im Spinnennetz.

Rafael Cippolini (* 1967)

„Sabios y atómicos. Diario de una hipótesis"
(In Guido Indij (Hg.), *Historias del fin del mundo*, 2012)

Vor einigen Jahren haben sich acht Schriftsteller in einem argentinischen Hotel getroffen, um sich gegenseitig zu Texten über das Ende der Welt anzuregen. Unter ihnen waren gleich zwei an Arno Schmidt interessierte Autoren aus dem Umkreis von Guillermo Piro, nämlich zum einen Luis Chitarroni (Jahrgang 1958), der in seiner Essaysammlung *Siluetas* (1992) und im von Piro mitredigierten Kulturteil der Zeitung *Perfil* kürzere Aufsätze über Schmidt veröffentlicht hat, und zum anderen der vor allem als Essayist arbeitende Rafael Cippolini. Cippolinis Beitrag zur der Anthologie *Historias del fin del mundo*, die aus der gemeinsamen Unternehmung hervorgegangen ist, ist die essayistisch unterfütterte Erzählung „Sabios y atómicos", die auf vielfältige Weise Bezug auf Schmidt nimmt, insbesondere auf die *Gelehrtenrepublik*; Cippolini verknüpft diesen in Südamerika offenbar nach wie vor bekanntesten und wirkmächtigsten Roman Schmidts auf intrikate Weise mit den Experimenten von Ronald Richter, einem österreichischen Wissenschaftler, der für die Nazis an Nuklearprogrammen gearbeitet hatte und ab 1949 für den argentinischen Machthaber Perón ein Atomprogramm aufbaute, das allerdings in großen Teilen ein Schwindelunternehmen war – eine von Richter 1951 angeblich erzeugte Kernschmelze erwies sich als geschickt inszenierter Humbug.

Seinen Text „Sabios y atómicos" hat Cippolini als reich bebildertes Tagebuch einer semifiktionalen Untersuchung angelegt, in dem er unter eigenem Namen als Forscher und Ich-Erzähler auftritt. Eingangs sieht er aus dem Fenster des Hotels, in dem er sich mit seinen Autorenkollegen einquartiert hat, blickt auf Inseln im See und assoziiert dazu jenes Eiland, auf dem Schmidts *Gelehrtenrepublik* spielt. Er phantasiert sich den Park ums Hotel herum zur Zentaurenstätte, angeregt von der Zentaurenthematik in Schmidts Roman und dadurch ausgelösten wohligen Alpträumen. Als die Zentaurenträume sich zum regelrechten Verfolgungswahn auswachsen, überblendet er die *Gelehrtenrepublik* in seiner Phantasie zusehends mit dem Schauplatz von Richters Atomexperimenten, nämlich der Isla Huemul in einem See in Patagonien – es ist eben jener See, an dessen Ufer sich Cippolini mit seinen Kollegen im Hotel getroffen hat, und zwangsläufig folgt ein Ausflug auf die Insel, dort dann der Versuch, Grundriß und Details von Richters Insel mit derjenigen Schmidts in Einklang zu bringen.

Obgleich dieser Versuch zur Herstellung einer Identität tendenziell scheitert, entwickelt der Erzähler in Diskussionen mit seinen Kollegen – vor allem mit Chitarroni – die These, Schmidt habe über geheimes Wissen über Richters Projekt verfügt und dieses in der *Gelehrtenrepublik* chiffriert eingesetzt. Es bleibt die Frage, ob Schmidt sich noch in weiteren Publikationen unter der Hand mit Richter auseinandergesetzt habe – der fiktionsinterne Cippolini glaubt es und sammelt Indizien, so etwa die Vorliebe Richters wie Schmidts für Katzen oder auch Gerüchte, denen zufolge Perón häufiger von Zentauren schwadroniert haben soll. Als Eideshelfer in dem ganzen raffiniert angerührten Gebräu aus Fakten und Fiktion werden schließlich auch noch Witold Gombrowicz und vor allem Julio Cortázar angeführt, auf dessen Empfehlung hin Schmidts *Gelehrtenrepublik* einem Einwurf Chitarronis zufolge als erste Übersetzung in Argentinien herausgekommen sei.

Miguel Vitagliano (* 1961)

Tratado sobre las manos
(2013)

Im Unterschied zu den meisten anderen argentinischen Autoren, die ich hier vorstelle, ist von Vitagliano schon ein Buch in deutscher Übersetzung publiziert worden, nämlich 2005 der Roman *Das Orchester der Amputierten* (im Original *Los ojos así*, 1996), für den er 1996 den Anna-Seghers-Preis erhielt, doch ins Tierra del Arno hat es Vitagliano, der Professor für Literaturtheorie an der Universität von Buenos Aires ist und auch als Literaturkritiker arbeitet, erst 2013 mit *Tratado sobre las manos*, einem Roman über die Geheimnisse einer Gelehrtenbibliothek, geschafft. Die Hauptfigur Lidia ordnet den Buchbestand ihres verstorbenen Ehemanns Víctor, eines Literaturprofessors, und möchte seine nicht mehr abgeschlossene letzte Arbeit fertigstellen. Es geht also auf hintergründige Weise um die Wechselwirkungen zwischen Literatur, Schrift und Privatleben – und die entscheidende Rolle spielen im weiteren Fortgang geheime Randeintragungen in den Büchern. Und in diesem Zusammenhang kommt dann eben auch Arno Schmidt ins Spiel:

„Trabajaba en libros my viejos, lecturas de estudiante de Víctor en los inicios de su elástica carrera. Notas que intentaban ser imponentes, aun cuando la mayoría naufragaba a la deriva de la pretensión. De quince volúmenes extrajo apenas cuatro párrafos. Una nota en el ejemplar de *La República* que parecía menos añeja que las demás la condujo hacia otro estante, muy lejos de aquellas lecturas. Un largo trecho anduvo junto a Víctor montada en los centauros de Arno Schmidt; huían de los *never-never* tratando de llegar a la *república de los sabios*. '¿No habrá un refugio mejor para San Flaubert?', había escrito Víctor al margen, y ella volvía a leerlo una y otra vez tratando de descifrar el pasaje, cuando oyó el portero eléctrico."

(Übersetzt etwa: „Sie arbeitete an sehr alten Büchern, Víctors Studienvorlesungen vom Anfang seiner elastischen Karriere. Notizen, die versuchten, beeindruckend zu sein, obwohl die meisten mit diesem Unterfangen Schiffbruch erlitten. Aus fünfzehn Bänden wurden nur vier Absätze extrahiert. Eine Notiz im Exemplar von *Die Republik*, die nicht ganz so alt zu sein schien wie die anderen, verwies sie zu einem anderen Regal, weit weg von diesen Vorlesungen. Eine lange Wegstrecke, die sie mit Víctor zurücklegte, war den Zentauren Arno Schmidts aufgebürdet; sie flohen vor den *Never-Nevers*, mühten sich, in die *Gelehrtenrepublik* zu gelangen. ‚Wird es keine bessere Zuflucht für den heiligen Flaubert geben?', hatte Víctor an den Rand geschrieben, und sie las das immer wieder und versuchte, die Passage zu dechiffrieren, als sie die elektrische Gegensprechanlage hörte.")

So wird Lidia von einer „Tante" zurückgerufen „in den Herbst dieser Welt", und damit bleiben die Notate in Schmidts *Gelehrtenrepublik* einstweilen ein Rätsel.

Die Passage zeigt, daß Vitagliano mit dem Inhalt von Schmidts Roman durchaus vertraut ist. Ob er über weitergehende Kenntnisse zum Werk seines deutschen Kollegen verfügt, läßt sich ganz so eindeutig noch nicht ausmachen, auffällig ist aber, daß im Zusammenhang mit dem Studium der Randnotiz in Schmidts *Gelehrtenrepublik* von „descifrar" die Rede ist, was schlicht „entziffern" oder „entschlüsseln" heißen kann, wörtlich aber als „dechiffrieren" zu übersetzen wäre und damit auf die selbstironische Titulierung „Arno-Schmidt-Dechiffrier-Syndikat" verweist, unter der sich passionierte Schmidt-Leser nach Erscheinen von *Zettel's Traum* vernetzt haben.

Mariano Dupont (* 1965)

Arno Schmidt
(2014)

Ein Höhepunkt des produktiven literarischen Umgangs mit Schmidt in Lateinamerika und speziell der Neigung, ihn als eine Art progressiver Science-Fiction-Autor zu lesen, vergleichbar mit Stanisław Lem, den Strugazki-Brüdern oder neuerdings Philip K. Dick, ist zweifellos der Anfang 2014 erschienene Roman *Arno Schmidt* des Argentiniers Mariano Dupont, nun also schon der zweite Roman dieses Titels in Südamerika. Anders als dem Brasilianer Marcelo Rezende geht es Dupont nicht nur um eine allenfalls atmosphärische Anknüpfung an das Werk des im Titel genannten deutschen Autors, sondern Dupont greift schon in der Grundanlage seines Buches auf Schmidts Roman *Die Gelehrtenrepublik* zurück.

Erinnern wir uns – in Schmidts 2008 spielendem satirischen Science-Fiction-Roman hat die Erzählerfigur, der Journalist Charles Henry Winer, die Genehmigung zum Besuch der schwimmenden Künstlerinsel IRAS erhalten. Auf dem Weg dorthin durchquert er den atomar verstrahlten Mittelwesten der USA, wo er verschiedene Mutationsformen vorfindet. Mit der Zentaurin Thalja besteht er ein erotisches Abenteuer. Auf IRAS nimmt Winer die neuen Formen der Kunstförderung in Augenschein. Das künstliche Eiland ist in eine russische und eine amerikanische Hälfte geteilt; die östlichen Künstler schaffen im Kollektiv, die westlichen modisch individualistisch. Winer kommt den Methoden des kalten Krieges auf die Spur: Künstler der einen Seite werden von der anderen entführt und eingefroren; Künstlerhirne werden Hunden eingepflanzt. Schließlich zerstreiten sich beide Seiten über den Kurs der Insel; widersprüchliche Kommandos drohen sie zu zerreißen. Winer entkommt im Hubschrauber und schreibt seinen Bericht, der – so die Herausgeberfiktion – aus Zensurgründen von Chr. M. Stadion (ein Anagramm von Arno Schmidt) in eine tote Sprache, nämlich das Deutsche, übersetzt wurde. Stadion datiert sein Vorwort: „Chubut, Argentinien, den 24. 12. 2008"; im eigentlichen Romantext ist später die Rede von der „immer mehr zusammenschmelzenden, argentinischen Kolonie", aus der die Übersetzer in der IRAS-Bibliothek rekrutiert werden, gerade auch die fürs Deutsche, weil hier die „Lehrkräfte der rechtzeitig nach Chubut übergesiedelten ‹Hochschule für Gestaltung›" eine Zuflucht gefunden haben. Hier spielt Schmidt auf die Hochschule für Gestaltung in Ulm an, an der er selbst in den 50er Jahren womöglich einen Dozentenposten angenommen hätte, hätte er sich nur mit dem Leiter Max Bill wenigstens ein wenig verstanden – das war nicht der Fall, aber als sehr sympathisch erwies sich ihm Bills Mitarbeiter und späterer Nachfolger in der Leitungsfunktion, der Maler und Kulturwissenschaftler Tomás Maldonado, ein gebürtiger Argentinier. Maldonado hat in der Ulmer Hochschule für Gestaltung wie Schmidt in seinem damaligen Wohnort Darmstadt recht plastisch und konkret erfahren, daß die schöne Idee einer Künstler- und Wissenschaftlerenklave, in die harte und womöglich sogar politisch unterwanderte Realität umgesetzt, nichts Behagliches mehr an sich hat und schnell in Horror umzuschlagen droht. (Schon Cippolini ist in seiner Erzählung „Sabios y atómicos" auf Maldonado und die Hochschule für Gestaltung eingegangen und will einen Brief Maldonados bekommen haben, in dem ihm dieser bestätigt, den argentinischen Subtext der *Gelehrtenrepublik* angeregt zu haben.)

Dupont nutzt nun in *Arno Schmidt* diese Zusammenhänge als recht deutliche Folie für seinen eigenen Plot. Sein Roman ist eine utopische Satire, die in einer von einem reichen Gönner gestifteten Künstlerenklave in der Antarktis spielt – und diese Künstlerkolonie heißt ausgerechnet „Arno Schmidt Experimental Writer's Residence", woraus sich wiederum auf der Handlungsoberfläche der Romantitel erklärt. Der ganze Roman läßt sich durchgängig auf Schmidts *Gelehrtenrepublik* rückbeziehen, bis hin zu den mit sehr konkreten Verweisen darauf spielenden Schlußpassagen: „Movimiento en la terraza. Binoculares. Sale un hombre vestido de azul. Y después otro. Saludan a los cuatros mamelucos. Los pilotos. Son los pilotos. Intercambian algunas palabras. Parecen contentos. Eso parece. ¿Qué les importa a ellos un muerto que no saben quién es? Ahora uno de los mamelucos le pasa unos papeles a uno de los de campera azul. El de azul firma. Un papel, dos. Y ahora se despiden. Los de azul suben el helicóptero. [...] El helicóptero se eleva, se desprende lentamente del prisma naranja. Un metro, dos, tres, cuatros ... [...] El helicóptero se aleja, se aleja. Ahora es una pelotita roja en el cielo. Un punto. Un punto que se traga, enseguida, la irrealidad turqueso del cielo." (Auf deutsch etwa: „Bewegung auf der Terrasse. Ferngläser. Ein blau gekleideter Mann kommt heraus. Und dann noch einer. Grüßen die vier Mamelucken. Die Piloten. Sind die Piloten. Sie wechseln einige Worte. Scheinen glücklich zu sein. Scheint so. Was kümmert sie ein Toter, der nicht weiß, wer er ist? Jetzt gibt einer der Mamelucken einem der Blaujacken ein paar Papiere. Mit dem blauen Siegel. Ein Papier, zwei. Und jetzt verabschieden sie sich. Die in Blau klettern in den Hubschrauber. [...] Der Hubschrauber steigt hoch, hebt sich langsam aus dem orangefarbenen Prisma ab. Ein Meter, zwei, drei, vier ... [...] Der Hubschrauber entfernt sich, entfernt sich. Jetzt ist er ein kleiner roter Ball am Himmel. Ein Punkt. Ein Punkt, der augenblicklich die türkise Unwirklichkeit des Himmels verschluckt.") Wirklichkeit und Unwirklichkeit sind natürlich – wie in jeder guten Literatur – die beiden Pole, zwischen denen das Geschehen abläuft.

Die Tituliernng der „Arno Schmidt Experimental Writer's Residence" zeigt in aller nur wünschenswerten Deutlichkeit und Treffsicherheit, wie Schmidt heute gerade in Lateinamerika (in geringerem Maße auch in Spanien und Portugal) von den zugegebenermaßen wohl doch relativ wenigen Lesern und Autorenkollegen, die überhaupt etwas mit seinem Namen anfangen können, verortet wird: als „Experimental Writer" weit jenseits des literarischen Mainstreams. Als solcher hat er eine wohl recht unvergleichliche Geheimkarriere gemacht, weit weg von seiner urdeutschen Heimat, fast in Sichtweite der Antarktis, in einem vielleicht eher pataphysischen als patagonischen Tierra del Arno Schmidt.

Bibliographie

Fernando Aramburu: *Viaje con Clara por Alemania.* Barcelona: Tusquets Editores 2010.
Samuel Beckett: *Mal vu mal dit / Schlecht gesehen schlecht gesagt.* Aus dem Französischen von Elmar Tophoven. Frankfurt a.M.: Suhrkamp 1983.
Roberto Bolaño: *Amuleto.* Aus dem Spanischen von Heinrich von Berenberg. München: Kunstmann 2002. (Taschenbuchausgabe Frankfurt a.M.: Fischer 2011.)
Roberto Bolaño: *2666.* Roman. Aus dem Spanischen von Christian Hansen. München: Hanser 2009. (Taschenbuchausgabe Frankfurt a.M.: Fischer 2011.)
Michel Butor: *Fenster auf die Innere Passage. Fenêtres sur le passage intérieur.* Aus dem Französischen von Helmut Scheffel. Frankfurt a.M.: Qumran 1986. (Lizenzausgabe Frankfurt a.M.: Suhrkamp 1988).
Rafael Cippolini: „Sabios y atómicos. Diario de una hipótesis." In: Guido Indij (Hg.): *Historias del fin del mundo.* Buenos Aires: Interzona 2012, S. 103-151.
Mariano Dupont: *Arno Schmidt.* Buenos Aires: Seix Barral 2014.
Umberto Eco: *Über Spiegel und andere Phänomene.* Aus dem Italienischen von Burkhart Kroeber. München: Hanser 1988. (Taschenbuchausgabe München: dtv 1990.)
Almeida Faria: *Fragmente einer Biografie.* Aus dem Portugiesischen von Curt Meyer-Clason und Alrun Haase. Berlin: Literarisches Colloquium 1980.
Almeida Faria: *Lusitânia.* Romance. Lisboa: Edições 70 1980.
J. V. Foix: *KRTU und andere Prosadichtungen.* Herausgegeben, aus dem Katalanischen und mit einem Nachwort von Eberhard Geisler. Frankfurt a.M.: Vervuert 1988.
Nicolás Giacobone: *El cuederno tachado.* Barcelona: Reservoir Books 2018.
Juan Goytisolo: *Jagdverbot. Eine spanische Jugend.* Aus dem Spanischen von Eugen Helmlé. München: Hanser 1994. (Taschenbuchausgabe Frankfurt a.M.: Fischer 1996.)
Juan Goytisolo: *Die Häutung der Schlange. Ein Leben im Exil.* Aus dem Spanischen von Eugen Helmlé. München: Hanser 1995. (Taschenbuchausgabe Frankfurt a.M.: Fischer 1997.)
Juan Goytisolo: *Engel und Paria.* Roman. Aus dem Spanischen von Thomas Brovot. Frankfurt a.M.: Suhrkamp 1995.

Juan Goytisolo: *Quarantäne*. Aus dem Spanischen von Thomas Brovot. Frankfurt a.M.: Suhrkamp 1993.
Juan Goytisolo: *Notizen aus Sarajewo*. Aus dem Spanischen von Maralde Meyer-Minnemann. Frankfurt a.M.: Suhrkamp 1993.
Juan Goytisolo: *Die Marx-Saga*. Roman. Aus dem Spanischen von Thomas Brovot. Frankfurt a.M.: Suhrkamp 1996.
Juan Goytisolo: *Das Manuskript von Sarajevo*. Roman. Aus dem Spanischen von Thomas Brovot. Frankfurt a.M.: Suhrkamp 1999.
Juan Goytisolo: *Gläserne Grenzen. Einwände und Anstöße*. Aus dem Spanischen von Thomas Brovot und Christian Hansen. Frankfurt a.M.: Suhrkamp 2004.
Patrick Grainville: *Die Orgie, der Schnee*. Roman. Aus dem Französischen von Joachim Kalka. Stuttgart: Klett-Cotta 1992.
Jorge Ibargüengoitia: *Augustblitze*. Aus dem Spanischen von Peter Schwaar. Frankfurt a.M.: Suhrkamp 1992.
James Joyce: *Irland auf der Anklagebank. Reportagen aus der irischen Wirklichkeit*. Herausgegeben und übersetzt von Friedhelm Rathjen. Südwesthörn: Edition ReJoyce 2013.
José Lezama Lima: *Inferno. Oppiano Licario*. Roman. Aus dem kubanischen Spanisch übersetzt, herausgegeben und mit einem Nachwort versehen von Klaus Laabs. Zürich: Ammann 2004.
Ercole Lissardi: *Aurora lunar*. Montevideo: Los Libros del Inquisidor 1996.
Ercole Lissardi: *Últimas conversaciones con el fauno*. Montevideo: Editorial Fin de Siglo 1997.
Ercole Lissardi: *Evangelio para el fin de los tiempos*. Montevideo: Editorial Fin de Siglo 1999.
Ercole Lissardi: *Acerca de la naturaleza de los faunos*. Montevideo: Los Libros del Inquisidor 2006.
António Lobo Antunes: *Elefantengedächtnis*. Roman. Aus dem Portugiesischen von Maralde Meyer-Minnemann. München: Luchterhand 2004. (Taschenbuchausgabe München: btb 2006.)
António Lobo Antunes: *Einblick in die Hölle*. Roman. Aus dem Portugiesischen von Maralde Meyer-Minnemann. München: Luchterhand 2003. (Taschenbuchausgaben München: dtv 2006; München: btb 2011.)
António Lobo Antunes: *Der Judaskuß*. Roman. Aus dem Portugiesischen von Ray-Güde Mertin. München: Hanser 1987. (Taschenbuchausgaben München: dtv 1989; München: btb 2006.)
António Lobo Antunes: *Die Vögel kommen zurück*. Aus dem Portugiesischen von Ray-Güde Mertin. München: Hanser 1989.

(Taschenbuchausgaben München: dtv 1996; München: btb 2006.)

António Lobo Antunes: *Fado Alexandrino*. Roman. Aus dem Portugiesischen von Maralde Meyer-Minnemann. München: Luchterhand 2002. (Taschenbuchausgaben Frankfurt a.M.: Fischer 2004; München: btb 2015.)

António Lobo Antunes: *Reigen der Verdammten*. Roman. Aus dem Portugiesischen von Maralde Meyer-Minnemann. München: Hanser 1991. (Taschenbuchausgaben München: dtv 1997; München: btb 2006.)

António Lobo Antunes: *Die Rückkehr der Karavellen*. Roman. Aus dem Portugiesischen von Maralde Meyer-Minnemann. Mit einem Nachwort von Ilse Pollack. München: Luchterhand 2000. (Taschenbuchausgaben Frankfurt a.M.: Fischer 2003; München: btb 2014.)

António Lobo Antunes: *Die Leidenschaften der Seele*. Roman. Aus dem Portugiesischen von Maralde Meyer-Minnemann. München: Hanser 1994. (Taschenbuchausgaben München: dtv 1999; München: btb 2006.)

António Lobo Antunes: *Die natürliche Ordnung der Dinge*. Aus dem Portugiesischen von Maralde Meyer-Minnemann. München: Hanser 1996. (Taschenbuchausgaben München: dtv 1998; München: btb 2006.)

António Lobo Antunes: *Der Tod des Carlos Gardel*. Roman. Aus dem Portugiesischen von Maralde Meyer-Minnemann. München: Luchterhand 2000. (Taschenbuchausgabe Frankfurt a.M.: Fischer 2001)

António Lobo Antunes: *Das Handbuch der Inquisitoren*. Aus dem Portugiesischen von Maralde Meyer-Minnemann. München: Luchterhand 1997. (Taschenbuchausgaben Frankfurt a.M.: Fischer 1999; München: btb 2018.)

António Lobo Antunes: *Portugals strahlende Größe*. Roman. Aus dem Portugiesischen von Maralde Meyer-Minnemann. München: Luchterhand 1998. (Taschenbuchausgaben Frankfurt a.M.: Fischer 2000; München: btb 2017.)

António Lobo Antunes: *Anweisungen an die Krokodile*. Roman. Aus dem Portugiesischen von Maralde Meyer-Minnemann. München: Luchterhand 1999. (Taschenbuchausgaben Frankfurt a.M.: Fischer 2001; München: btb 2016.)

António Lobo Antunes: *Geh nicht so schnell in diese dunkle Nacht*. Roman. Aus dem Portugiesischen von Maralde Meyer-Minnemann. Mün-

chen: Luchterhand 2001. (Taschenbuchausgabe München: btb 2004.)
António Lobo Antunes: *Was werd ich tun, wenn alles brennt.* Roman. Aus dem Portugiesischen von Maralde Meyer-Minnemann. München: Luchterhand 2003. (Taschenbuchausgabe München: btb 2004.)
António Lobo Antunes: *Guten Abend ihr Dinge hier unten.* Roman in drei Büchern mit Prolog & Epilog. Aus dem Portugiesischen von Maralde Meyer-Minnemann. München: Luchterhand 2005. (Taschenbuchausgabe München: btb 2007.)
Ricardo Piglia: *Künstliche Atmung.* Aus dem argentinischen Spanisch von Sabine Giersberg. Mit einem Nachwort von Leopold Federmair. Berlin: Wagenbach 2002.
Robert Pinget: *Monsieur Traum. Eine Zerstreuung.* Aus dem Französischen von Gerda Scheffel. Berlin: Wagenbach 1986.
Robert Pinget: *Der Feind.* Roman. Aus dem Französischen von Gerda Scheffel. Berlin: Wagenbach 1989.
Guillermo Piro: *Celeste y Blanca.* Novela. Buenos Aires: Eterna Cadencia 2009.
Patricio Pron: *Der Geist meiner Väter steigt im Regen auf.* Roman. Aus dem Spanischen von Christian Hansen. Reinbek: Rowohlt 2013.
Marcel Proust: *Der Gleichgültige.* Aus dem Französischen von Elisabeth Borchers. Anmerkungen Philip Kolb. Frankfurt a.M.: Suhrkamp 1984.
Marcelo Rezende: *Arno Schmidt.* São Paulo: Planeta do Brasil 2005.
Julián Ríos: *Hüte für Alice / Sombreros para Alicia.* Zweisprachig. Aus dem Spanischen von Elke Wehr. Mit Illustrationen von Eduardo Arroyo. Berlin und Weimar: Aufbau 1994.
Julián Ríos: *Amores que atan o Belles letres.* Madrid: Ediciones Siruela 1995.
Augusto Roa Bastos: *Ich der Allmächtige.* Roman. Aus dem Spanischen von Elke Wehr. Frankfurt a.M.: Suhrkamp 2002.
Alain Robbe-Grillet: *Der wiederkehrende Spiegel.* Aus dem Französischen von Andrea Spingler. Frankfurt a.M.: Suhrkamp 1986.
Alain Robbe-Grillet: *Angélique oder Die Verzauberung.* Aus dem Französischen von Andrea Spingler. Frankfurt a.M.: Suhrkamp 1989.
Alain Robbe-Grillet: *Corinthes letzte Tage.* Aus dem Französischen von Andrea Spingler. Frankfurt a.M.: Suhrkamp 1997.
Antonio J. Rodríguez: *Fresy Cool.* Barcelona: Mondadori 2012.
Ramiro Sanchiz: *Algunos de los otros.* Cuentos. Montevideo: Ediciones Trilce 2010, S. 35-40.

Claude Simon: *Geschichte*. Roman. Aus dem Französischen von Eva Mollenhauer. Köln: DuMont 1999.
Italo Svevo: *Ein Leben*. Roman. Aus dem Italienischen übersetzt von Barbara Kleiner. Nachwort von Edgar Sallager. Zürich: Manesse 2007.
Italo Svevo: *Senilità*. Roman. Aus dem Italienischen übersetzt von Barbara Kleiner. Nachwort von Ute Stempel. Zürich: Manesse 2002.
Italo Svevo: *Zenos Gewissen*. Roman. Aus dem Italienischen übersetzt von Barbara Kleiner. Nachwort von Maike Albath. Zürich: Manesse 2011.
Jean-Philippe Toussaint: *Der Photoapparat*. Roman. Aus dem Französischen von Joachim Unseld. Frankfurt a.M.: Suhrkamp 1991. (Neuausgabe Frankfurt a.M.: Frankfurter Verlagsanstalt 2005; Taschenbuchausgabe München: btb 2007.)
Miguel Vitagliano: *Tratado sobre las manos*. Buenos Aires: Eterna Cadencia 2013.

Bereits erschienen und noch lieferbar in der
EDITION ReJOYCE

Friedhelm Rathjen: *Rejoyce!*
Kleiner Leitfaden durch die irische Literatur.
ISBN 978-3-00-043280-4, 305 Seiten gebunden, € 40,-.

Über Bücher von: John Banville, Sebastian Barry, Samuel Beckett, Dermot Bolger, John Boyne, Mary Breasted, Seamus Deane, Roddy Doyle, Dermot Healy, Seamus Heaney, Hugo Hamilton, Desmond Hogan, James Joyce, Richard Kearney, Claire Keegan, Walter Macken, Eugene McCabe, Patrick McCabe, Colum McCann, Frank McCourt, Malachy McCourt, John McGahern, Sean McGuffin, Bernard Mac Laverty, Eoin McNamee, Deirdre Madden, Paul Murray, Flann O'Brien, Bridget O'Connor, Joseph O'Connor, Tomás O'Crohan, Timothy O'Grady, Marian O'Neill, Kate O'Riordan, Maurice O'Sullivan, Patrick Quigley, Keith Ridgway, Frank Ronan, Peig Sayers, John Millington Synge, Alice Taylor, Colm Tóibín, William Trevor, Robert McLiam Wilson, William Butler Yeats.

Details im Internet: http://tinyurl.com/22fybo – Bestellungen und Anfragen an: rejoyce@gmx.de

Bereits erschienen und noch lieferbar in der
EDITION ReJOYCE

Friedhelm Rathjen: *Kurs Island!*
Mit der Lesefähre durch Golfstromeuropa.
ISBN 978-3-00-034446-6, 196 Seiten gebunden, € 30,-.

Über Bücher von: Nicola Barker, Alex Benzie, Gudbergur Bergsson, Gyrðir Elíasson, Charles Fernyhough, Einar Már Guðmundsson, Paavo Haavikko, William Heinesen, Hallgrímur Helgason, Richard Jefferies, B.S. Johnson, James Kelman, A.L. Kennedy, Tom Kristensen, Halldór Laxness, Wyndham Lewis, Jon McGregor, Magnus Mills, Andrew O'Hagan, Sybren Polet, John Cowper Powys, Salman Rushdie, Steinunn Sigurdardóttir, Edward St Aubyn, Laurence Sterne, Robert Louis Stevenson, Graham Swift, Dylan Thomas, Edward Thomas, Adam Thorpe, Jeff Torrington.

Details im Internet: http://tinyurl.com/22fybo – Bestellungen und Anfragen an: rejoyce@gmx.de

Bereits erschienen und noch lieferbar in der
EDITION ReJOYCE

Friedhelm Rathjen: *Das war's.*
Strandfunde am Meer des Lesens.
Rezensionen zur deutschsprachigen Literatur 1984-2007.
ISBN 978-3-00-026737-6, 268 Seiten, € 25,-.

Über Bücher von: Ilse Aichinger, Guido Bachmann, Emmy Ball-Hennings, Reinhold Batberger, Claire Beyer, Marcel Beyer, Mirko Bonné, Kurt Bracharz, Ariane Breidenstein, Franz Josef Czernin, Dorothea Dieckmann, Bianca Döring, Clemens Eich, El Hor / El Ha, Urs Faes, Eleonore Frey, Hartmut Geerken, Christoph Geiser, Anneliese Hager, Ludwig Harig, Thomas Harlan, Helmut Heißenbüttel, Alban Nikolai Herbst, Thomas Hettche, John Höxter, Felix Philipp Ingold, Ernst Jandl, Reinhard Jirgl, Martin Kessel, Walter Klier, Helmut Krausser, Dieter Kühn, Georg Kulka, Jürg Laederach, Friedo Lampe, Svenja Leiber, Michael Lentz, Alfred Lichtenstein, Friederike Mayröcker, Nikola Anne Mehlhorn, Libuše Moníková, Mynona, Andreas Neumeister, Richard Nöbel, Bert Papenfuß-Gorek, Peter Pessl, Sabine Peters, Matthias Politycki, Klaus Reichert, Gabriele Riedle, Gerhard Roth, Peter Rühmkorf, Christine Scherrmann, Wolfgang Schlüter, Ferdinand Schmatz, Bruno Steiger, Ginka Steinwachs, August Stramm, Eugen Gottlob Winkler, Josef Winkler und Jens Wonneberger.

Details im Internet: http://tinyurl.com/22fybo   –   Bestellungen und Anfragen an: rejoyce@gmx.de